CONCÍLIO VATICANO II

GAUDIUM ET SPES

Tradução portuguesa do Secretariado Nacional
do Apostolado da Oração em Portugal

17ª edição – 2011

7ª reimpressão – 2022

Nenhuma parte desta obra poderá ser reproduzida ou transmitida por qualquer forma e/ou quaisquer meios (eletrônico ou mecânico, incluindo fotocópia e gravação) ou arquivada em qualquer sistema ou banco de dados sem permissão escrita da Editora. Direitos reservados.

Paulinas
Rua Dona Inácia Uchoa, 62
04110-020 – São Paulo – SP (Brasil)
Tel.: (11) 2125-3500
http://www.paulinas.com.br – editora@paulinas.com.br
Telemarketing e SAC: 0800-7010081

© Pia Sociedade Filhas de São Paulo – São Paulo, 1966

**PAULO BISPO, SERVO DOS SERVOS DE DEUS
EM UNIÃO COM OS PADRES DO SAGRADO CONCÍLIO
PARA PERPÉTUA MEMÓRIA**

CONSTITUIÇÃO PASTORAL
DO CONCÍLIO VATICANO II
SOBRE A IGREJA NO MUNDO DE HOJE

PROÊMIO

1. As alegrias e as esperanças, as tristezas e as angústias dos homens de hoje, sobretudo dos pobres e de todos aqueles que sofrem, são também as alegrias e as esperanças, as tristezas e as angústias dos discípulos de Cristo; e não há realidade alguma verdadeiramente humana que não encontre eco no seu coração. Porque a sua comunidade é formada por homens, que, reunidos em Cristo, são guiados pelo Espírito Santo na sua peregrinação em demanda do reino do Pai, e receberam a mensagem da salvação para a comunicar a todos. Por este motivo, a Igreja sente-se real e intimamente ligada ao gênero humano e à sua história.

2. Por isso, o Concílio Vaticano II, tendo investigado mais profundamente o mistério da Igreja, não hesita agora em dirigir a sua palavra, não já apenas aos

NOTA: A constituição pastoral "A Igreja no mundo de hoje", formada por duas partes, constitui um todo unitário. É chamada "Pastoral", porque, apoiando-se em princípios doutrinais, pretende expor as relações da Igreja com o mundo e os homens de hoje. Assim, nem à primeira parte falta a intenção pastoral, nem à segunda a doutrinal.

Na primeira parte, a Igreja expõe a sua própria doutrina acerca do homem, do mundo no qual o homem está integrado e da sua relação para com eles. Na segunda, considera mais expressamente vários aspectos da vida e da sociedade contemporâneas, e sobretudo as questões e problemas que, nesses domínios, parecem hoje de maior urgência. Daqui resulta que, nesta segunda parte, a matéria, tratada à luz dos princípios doutrinais, não compreende apenas elementos imutáveis, mas também transitórios.

A Constituição deve, pois, ser interpretada segundo as normas teológicas gerais, tendo em conta, especialmente na segunda parte, as circunstâncias mutáveis com que estão intrinsecamente ligados os assuntos em questão.

filhos da Igreja e a quantos invocam o nome de Cristo, mas a todos os homens. Deseja expor-lhes o seu modo de conceber a presença e atividade da Igreja no mundo de hoje.

Tem, portanto, diante dos olhos o mundo dos homens, ou seja, toda a família humana, com todas as realidades no meio das quais vive; esse mundo que é teatro da história da humanidade, marcado pelo seu engenho, pelas suas derrotas e vitórias; mundo, que os cristãos acreditam ser criado e conservado pelo amor do Criador; caído, sem dúvida, sob a escravidão do pecado, mas libertado pela cruz e ressurreição de Cristo, vencedor do poder do maligno; mundo, finalmente, destinado, segundo o desígnio de Deus, a ser transformado e alcançar a própria realização.

3. Nos nossos dias, a humanidade, cheia de admiração ante as próprias descobertas e poder, debate, porém, muitas vezes, com angústia, as questões relativas à evolução atual do mundo, ao lugar e missão do homem no universo, ao significado do seu esforço individual e coletivo, enfim, ao último destino das criaturas e do homem.

Por isso, o Concílio, testemunhando e expondo a fé do povo de Deus, por Cristo congregado, não pode manifestar mais eloqüentemente a sua solidariedade, respeito e amor para com toda a família humana, na qual está inserido, do que estabelecendo com ela diálogo sobre esses vários problemas, aportando à luz do Evangelho e pondo à disposição do gênero humano as energias salvadoras que a Igreja, conduzida pelo Espírito Santo, recebe de seu Fundador. Trata-se, com efeito, de salvar a pessoa do homem e de restaurar a sociedade humana. Por isso, o homem será o fulcro de toda a nossa exposição: o homem uno e integral: corpo e alma, coração e consciência, inteligência e vontade.

Eis a razão por que o sagrado Concílio, proclamando a sublime vocação do homem, e afirmando que nele está depositado um germe divino, oferece ao gênero humano a sincera cooperação da Igreja, a fim de instaurar a fraternidade universal que a esta vocação corresponde. Nenhuma ambição terrena move a Igreja, mas unicamente este objetivo: continuar, sob a direção do Espírito Paráclito, a obra de Cristo, que veio ao mundo para dar testemunho da verdade, não para julgar mas para salvar, não para ser servido mas para servir.[1]

---

[1] Cf. Jo 3,17; 18,37; Mt 20,28; Mc 10,45.

INTRODUÇÃO

A CONDIÇÃO DO HOMEM NO MUNDO DE HOJE

4. Para levar a cabo esta missão, é dever da Igreja investigar a todo o momento os sinais dos tempos, e interpretá-los à luz do Evangelho; para que assim possa responder, de modo adaptado a cada geração, às eternas perguntas dos homens acerca do sentido da vida presente e da futura, e da relação entre ambas. É, por isso, necessário conhecer e compreender o mundo em que vivemos, as suas esperanças e aspirações, e o seu caráter tantas vezes dramático. Algumas das principais características do mundo atual podem delinear-se do seguinte modo.

A humanidade vive hoje uma fase nova da sua história, na qual profundas e rápidas transformações se estendem progressivamente a toda a terra. Provocadas pela inteligência e atividade criadora do homem, elas reincidem sobre o mesmo homem, sobre os seus juízos e desejos individuais e coletivos, sobre os seus modos de pensar e agir, tanto em relação às coisas como às pessoas. De tal modo que podemos já falar duma verdadeira transformação social e cultural, que se reflete também na vida religiosa.

Como acontece em qualquer crise de crescimento, esta transformação traz consigo não pequenas dificuldades. Assim, o homem, que tão imensamente alarga o próprio poder, nem sempre é capaz de o pôr ao seu serviço. Ao procurar penetrar mais fundo no interior de si mesmo, aparece freqüentemente mais incerto a seu próprio respeito. E, descobrindo gradualmente com maior clareza as leis da vida social, hesita quanto à direção que lhe deve imprimir.

Nunca o gênero humano teve ao seu dispor tão grande abundância de riquezas, possibilidades e poderio econômico; e, no entanto, uma imensa parte dos habitantes da terra é atormentada pela fome e pela miséria, e inúmeros são ainda os analfabetos. Nunca os homens tiveram um tão vivo sentido da liberdade como hoje, em que surgem novas formas de servidão social e psicológica. Ao mesmo tempo que o mundo experimenta intensamente a própria unidade e a interdependência mútua dos seus membros na solidariedade necessária, ei-lo gravemente dilacerado por forças antagônicas; persistem ainda, com efeito, agudos conflitos políticos, sociais, econômicos, "raciais" e ideológicos, nem está eliminado o perigo duma guerra que tudo subverta. Aumenta o intercâmbio das idéias; mas as próprias palavras com que se exprimem conceitos da maior importância assumem sentidos muito diferentes segundo as diversas ideologias. Finalmente, procura-se com todo o empenho uma ordem temporal mais perfeita, mas sem que a acompanhe um progresso espiritual proporcionado.

Marcados por circunstâncias tão complexas, muitos dos nossos contemporâneos são incapazes de discernir os valores verdadeiramente permanentes e de os harmonizar com os novamente descobertos. Daí que, agitados entre a esperança e a angústia, sentem-se oprimidos pela inquietação, quando se interrogam acerca da evolução atual dos acontecimentos. Mas esta desafia o homem, força-o até a uma resposta.

5. A atual perturbação dos espíritos e a mudança das condições de vida, estão ligadas a uma transformação mais ampla, a qual tende a dar o predomínio, na formação do espírito, às ciências matemáticas e naturais, e, no plano da ação, às técnicas, fruto dessas ciências. Esta mentalidade científica modela a cultura e os modos de pensar duma maneira diferente do que no passado. A técnica progrediu tanto que transforma a face da terra e tenta já dominar o espaço.

Também sobre o tempo, estende a inteligência humana o seu domínio: quanto ao passado, graças ao conhecimento histórico; relativamente ao futuro, com a prospectiva e a planificação. Os progressos das ciências biológicas, psicológicas e sociais não só ajudam o homem a conhecer-se melhor, mas ainda lhe permitem exercer, por meios técnicos, uma influência direta na vida das sociedades. Ao mesmo tempo, a humanidade preocupa-se cada vez mais com prever e ordenar o seu aumento demográfico.

O próprio movimento da história torna-se tão rápido, que os indivíduos dificilmente o podem seguir. O destino da comunidade humana torna-se um só, e não já divididos entre histórias independentes. A humanidade passa, assim, duma concepção predominantemente estática da ordem e das coisas para uma outra, preterentemente dinâmica e evolutiva; daqui nasce uma nova e imensa problemática, a qual está a exigir novas análises e novas sínteses.

6. Pelo mesmo fato, verificam-se cada dia maiores transformações nas comunidades locais tradicionais (famílias patriarcais, clãs, tribos, aldeias), nos diferentes grupos e nas relações sociais.

Difunde-se progressivamente a sociedade de tipo industrial, levando algumas nações à opulência econômica e transformando radicalmente as concepções e as condições de vida social vigentes desde há séculos. Aumenta também a preferência e a busca da vida urbana, que pelo aumento das cidades e do número de seus habitantes, quer pela difusão do gênero de vida urbana entre os camponeses.

Novos e mais perfeitos meios de comunicação social permitem o conhecimento dos acontecimentos e a rápida e vasta difusão dos modos de pensar e de sentir; o que, por sua vez, dá origem a numerosas repercussões.

Nem se deve minimizar o fato de que muitos homens, levados por diversos motivos a emigrar, mudam com isso o próprio modo de viver.

Multiplicam-se assim sem cessar as relações do homeus com os seus semelhantes ao mesmo tempo que a própria socialização introduz novas ligações, sem no entanto favorecer em todos os casos uma conveniente maturação das pessoas e relações verdadeiramente pessoais ("personalização").

É verdade que tal evolução aparece mais claramente nas nações que beneficiam já das vantagens do progresso econômico e técnico, mas nota-se também entre os povos ainda em via de desenvolvimento, que desejam alcançar para os seus países os benefícios da industrialização e da urbanização. Esses povos, sobretudo os que estão ligados a tradições mais antigas, sentem ao mesmo tempo a exigência dum exercício cada vez mais pessoal da liberdade.

7. A transformação de mentalidade e de estruturas põe muitas vezes em questão os valores admitidos, sobretudo no caso dos jovens. Tornam-se freqüentemente impacientes e mesmo, com a inquietação, rebeldes; conscientes da própria importância na vida social, aspiram a participar nela o mais depressa possível. Por este motivo, os pais e educadores encontram não raro crescentes dificuldades no desempenho da sua missão.

Por sua vez, as instituições, as leis e a maneira de pensar e de sentir, herdadas do passado, nem sempre parecem adaptadas à situação atual; e daqui provém uma grave perturbação no comportamento e até nas próprias normas de ação.

Por fim, as novas circunstâncias afetam a própria vida religiosa. Por um lado, um sentido crítico mais apurado purifica-a duma concepção mágica do mundo e de certas sobrevivências supersticiosas, e exige cada dia mais uma adesão à fé pessoal e operante; desta maneira, muitos chegam a um mais vivo sentido de Deus. Mas, por outro lado, grandes massas afastam-se praticamente da religião. Ao contrário do que sucedia em tempos passados, negar Deus ou a religião, ou prescindir deles já não é um fato individual e insólito: hoje, com efeito, isso é muitas vezes apresentado como exigência do progresso científico ou dum novo tipo de humanismo. Em muitas regiões, tudo isto não é apenas afirmado no meio filosófico, mas invade em larga escala a literatura, a arte, a interpretação das ciências do homem e da história e até as próprias leis civis; o que provoca a desorientação de muitos.

8. Uma tão rápida evolução, muitas vezes processada desordenadamente e, sobretudo, a consciência mais aguda das desigualdades existentes no mundo, geram ou aumentam contradições e desequilíbrios.

Ao nível da própria pessoa, origina-se com freqüência um desequilíbrio entre o saber prático moderno e o pensar teórico, que não consegue dominar o conjunto dos seus conhecimentos nem ordená-los em sínteses satisfatórias. Surge também desequilíbrio entre a preocupação da eficiência prática e as exigências da consciência moral; outras vezes, entre as condições coletivas da existência e as exigências do pensamento pessoal e até da contemplação. Gera-se finalmente, o desequilíbrio entre a especialização da atividade humana e a visão global da realidade.

No seio da família, originam-se tensões, quer devido à pressão das condições demográficas, econômicas e sociais, quer pelas dificuldades que surgem entre as diferentes gerações, quer pelo novo tipo de relações sociais entre homens e mulheres.

Grandes discrepâncias surgem entre as raças e os diversos grupos sociais; entre as nações ricas, as menos prósperas e as pobres; finalmente, entre as instituições internacionais, nascidas do desejo de paz que os povos têm, e a ambição de propagar a própria ideologia ou os egoísmos coletivos existentes nas nações e em outros grupos.

Daqui nascem desconfianças e inimizades mútuas, conflitos e desgraças, das quais o homem é simultaneamente causa e vítima.

9. Entretanto, vai crescendo a convicção de que o gênero humano não só pode e deve aumentar cada vez mais o seu domínio sobre as coisas criadas, mas ainda, que lhe compete estabelecer uma ordem política, social e econômica, que o sirva cada vez melhor e ajude indivíduos e grupos a afirmar e desenvolver a própria dignidade.

Daqui vem a insistência com que muitos reivindicam aqueles bens de que, com uma consciência muito viva, se julgam privados por injustiça ou por desigual distribuição. As nações em via de desenvolvimento, e as de recente independência desejam participar dos bens da civilização, não só no campo político mas também no econômico, e aspiram a desempenhar livremente o seu papel no plano mundial; e, no entanto, aumenta cada dia mais a sua distância, e muitas vezes, simultaneamente, a sua dependência mesmo econômica com relação às outras nações mais ricas e de mais rápido progresso. Os povos oprimidos pela fome interpelam os povos mais ricos. As mulheres reivindicam, aonde ainda não a alcançaram, a paridade de direito e de fato com os homens. Os operários e os camponeses querem não apenas ganhar o necessário para viver, mas desenvolver, graças ao trabalho, as próprias qualidades; mais ainda, querem participar na organização da vida econômica, social, política e cultural. Pela primeira vez na história dos homens, todos os povos têm já a convicção de que os bens da cultura podem e devem estender-se efetivamente a todos.

Subjacente a todas estas exigências, esconde-se, porém, uma aspiração mais profunda e universal: as pessoas e os grupos anelam por uma vida plena e livre, digna do homem, pondo ao próprio serviço tudo quanto o mundo de hoje lhes pode proporcionar em tanta abundância. E as nações fazem esforços cada dia maiores por chegar a uma certa comunidade universal.

O mundo atual apresenta-se assim simultaneamente poderoso e débil, capaz do melhor e do pior, tendo patente diante de si o caminho da liberdade ou da servidão, do progresso ou da regressão, da fraternidade ou do ódio. E o homem torna-se consciente de que a ele compete dirigir as forças que suscitou, e que tanto o podem esmagar como servir. Por isso se interroga a si mesmo.

10. Na verdade, os desequilíbrios de que sofre o mundo hodierno estão ligados com aquele desequilíbrio fundamental que se radica no coração do homem. Porque no íntimo do próprio homem muitos elementos se combatem. Enquanto, por uma parte, ele se experimenta, como criatura que é, multiplamente limitado, por outra, sente-se ilimitado nos seus desejos, e chamado a uma vida superior. Atraído por muitas solicitações, vê-se obrigação a escolher entre elas e a renunciar a algumas. Mais ainda, fraco e pecador, faz muitas vezes aquilo que não quer e não realiza o que desejaria fazer.[1] Sofre assim em si mesmo da divisão, da qual tantas e tão grandes discórdias se originam para a sociedade. Muitos, sem dúvida, que levam uma vida impregnada de materialismo prático, não podem ter uma clara percepção desta situação dramática; ou, oprimidos pela miséria, não lhe podem prestar atenção. Outros pensam encontrar a paz nas diversas interpreta-

[1] Cf. Rm 7,14s.

ções da realidade que lhes são propostas. Alguns só do esforço humano esperam a verdadeira e plena libertação do gênero humano, e estão convencidos que o futuro império do homem sobre a terra satisfará todas as aspirações do seu coração. E não faltam os que, desesperando de poder encontrar um sentido para a vida, louvam a coragem daqueles que, julgando a existência humana vazia de qualquer significado, se esforçam por lhe conferir, por si mesmos, todo o seu valor. Todavia, perante a evolução atual do mundo, cada dia são mais numerosos os que põem ou sentem com nova acuidade as questões fundamentais: que é o homem? Qual o sentido da dor, do mal, e da morte, que, apesàr do enorme progresso alcançado, continuam a existir? Para que servem essas vitórias, ganhas a tão grande preço? Que pode o homem dar à sociedade, e que coisa pode dela receber? Que há para além desta vida terrena?

A Igreja por sua parte, acredita que Jesus Cristo, morto e ressuscitado por todos os homens,[2] a estes oferece pelo Espírito Santo a luz e a força para poder corresponder à sua altíssima vocação; e que não foi dado aos homens sob o céu outro nome, no qual devam ser salvos.[3] Acredita também que a chave, o centro e o fim de toda a história humana se encontram no seu Senhor e Mestre. E afirma, além disso, que, subjacentes a todas as transformações, há muitas coisas que não mudam, cujo último fundamento é Cristo, o mesmo ontem, hoje, e para sempre.[4] Quer, portanto, o Concílio, à luz de Cristo, imagem de Deus invisível e primogênito entre todas as criaturas,[5] dirigir-se a todos, para iluminar o mistério do homem e cooperar na solução das principais questões do nosso tempo.

[2] Cf. 2Cor 5,15.
[3] Cf. At 4,12.
[4] Cf. Hb 13,8.
[5] Cf. Cl 1,15.

PRIMEIRA PARTE

A IGREJA E A VOCAÇÃO DO HOMEM

11. O povo de Deus, levado pela fé com que acredita ser conduzido pelo Espírito do Senhor, o qual enche o universo, esforça-se por discernir nos acontecimentos, nas exigências e aspirações, em que participa juntamente com os homens de hoje, quais são os verdadeiros sinais da presença ou da vontade de Deus. Porque a fé ilumina todas as coisas com uma luz nova, e faz conhecer o desígnio divino acerca da vocação integral do homem e, dessa forma, orienta o espírito para soluções plenamente humanas.

O Concílio propõe-se, antes de mais, julgar a esta luz os valores que hoje são mais apreciados e pô-los em relação com a sua fonte divina. Tais valores, com efeito, na medida em que são fruto do engenho que Deus concedeu aos homens, são excelentes, mas, por causa da corrupção do coração humano, não raro são desviados da sua reta ordenação e precisam ser purificados.

Que pensa a Igreja acerca do homem? Que recomendações parecem dever fazer-se, em ordem à construção da sociedade atual? Qual é o significado último da atividade humana no universo? Espera-se uma resposta para estas perguntas. Aparecerá então mais claramente que o povo de Deus e o gênero humano, no qual aquele está inserido, se prestam mútuo serviço; manifestar-se-á assim o caráter religioso e, por isso mesmo, profundamente humano da missão da Igreja.

CAPÍTULO I

A DIGNIDADE DA PESSOA HUMANA

12. Tudo quanto existe sobre a terra deve ser ordenado em função do homem, como seu centro e seu termo: neste ponto existe um acordo quase geral entre crentes e não crentes. Mas, que é o homem? Ele próprio já formulou, e continua a formular, acerca de si mesmo, inúmeras opiniões, diferentes entre si e até contraditórias. Segundo estas, muitas vezes se exalta até se constituir norma absoluta, outras se abate até ao desespero. Daí as suas dúvidas e angústias. A Igreja sente profundamente estas dificuldades e, instruída pela revelação de Deus, pode dar-lhes uma resposta que defina a verdadeira condição do homem, explique as suas fraquezas, ao mesmo tempo que permita conhecer com exatidão a sua dignidade e vocação.

A Sagrada Escritura ensina que o homem foi criado "à imagem de Deus", capaz de conhecer e amar o seu criador, e por este constituído senhor de todas as criaturas terrenas,[1] para as dominar e delas se servir, dando glória a Deus.[2] "Que é pois o homem, para que dele te lembres? ou o filho do homem, para que te preocupes com ele? Fizeste dele pouco menos que um anjo, coroando-o de glória e de explendor. Estabeleceste-o sobre a obra de tuas mãos, tudo puseste sob os seus pés" (Sl 8,5-7).

Deus, porém, não criou o homem sozinho: desde o princípio criou-os "varão e mulher" (Gn 1,27); e a sua união constitui a primeira forma de comunhão en-

[1] Cf. Gn 1,26; Sb 2,23.
[2] Cf. Ecl 17,3-10.

tre pessoas. Pois o homem, por sua própria natureza, é um ser social, que não pode viver nem desenvolver as suas qualidades sem entrar em relação com os outros.

Como também lemos na Sagrada Escritura, Deus viu "todas as coisas que fizera, e eram excelentes" (Gn 1,31).

13. Estabelecido por Deus num estado de santidade, o homem, seduzido pelo maligno, logo no começo da sua história abusou da própria liberdade, levantando-se contra Deus e desejando alcançar o seu fim fora dele. Tendo conhecido a Deus, não lhe prestou a glória a ele devida, mas obscureceu-se o seu coração insensato e serviu à criatura, preferindo-a ao criador.[3]

E isto que a revelação divina nos dá a conhecer, concorda com os dados da experiência. Quando o homem olha para dentro do próprio coração, descobre-se inclinado também para o mal, e imerso em muitos males, que não podem provir de seu Criador, que é bom. Muitas vezes, recusando reconhecer Deus como seu princípio, perturba também a devida orientação para o fim último e, ao mesmo tempo, toda a sua ordenação para si mesmo e para os demais homens.

O homem encontra-se, pois, dividido em si mesmo, E assim, toda a vida humana, quer singular quer coletiva, apresenta-se como uma luta dramática entre o bem e o mal, entre a luz e as trevas. Mais: o homem descobre-se incapaz de repelir por si mesmo as arremetidas do inimigo: cada um sente-se como que preso com cadeias. Mas o Senhor em pessoa veio, para libertar e fortalecer o homem, renovando-o interiormente e lançando fora o príncipe deste mundo (cf. Jo 12, 31), que o mantinha na servidão do pecado.[4] Porque o

[3] Cf. Rm 1,21-25.
[4] Cf. Jo 8,34.

pecado diminui o homem, impedindo-o de atingir a sua plena realização.

A sublime vocação e a profunda miséria que os homens em si mesmos experimentam, encontram a sua explicação última à luz desta revelação.

14. O homem, ser uno, composto de corpo e alma, sintetiza em si mesmo, pela sua natureza corporal os elementos do mundo material, os quais, por meio dele, atingem a sua máxima elevação e louvam livremente o Criador.[5] Não pode, portanto, desprezar a vida corporal; deve, pelo contrário, considerar o seu corpo como bom e digno de respeito, pois foi criado por Deus e há de ressuscitar no último dia. Todavia, ferido pelo pecado, experimenta as revoltas do corpo. É, pois, a própria dignidade humana que exige que o homem glorifique a Deus no seu corpo,[6] não deixando que este se escravize às más inclinações do próprio coração.

Não se engana o homem, quando se reconhece por superior às coisas materiais e se considera como algo mais do que simples parcela da natureza ou anônimo elemento da cidade dos homens. Pela sua interioridade, transcende o universo das coisas: tal é o conhecimento profundo que ele alcança quando reentra no seu interior, onde Deus, que perscruta os corações[7] o espera, e onde ele, sob o olhar do Senhor, decide da própria sorte. Ao reconhecer, pois, em si uma alma espiritual e imortal, não se ilude com uma enganosa criação imaginativa, mero resultado de condições físicas e sociais; atinge, pelo contrário, a verdade profunda das coisas.

[5] Cf. Dn 3,57-90.
[6] Cf. 1Cor 6,13-20.
[7] Cf. 1Rs 16,7; Jr 17,10.

15. Participando da luz da inteligência divina, com razão pensa o homem que supera, pela inteligência o universo. Exercitando incansavelmente, no decurso dos séculos, o próprio engenho, conseguiu ele grandes progressos nas ciências empíricas, nas técnicas e nas artes liberais. Nos nossos dias, alcançou notáveis sucessos, sobretudo na investigação e conquista do mundo material. Mas buscou sempre, e encontrou, uma verdade mais profunda. Porque a inteligência não se limita ao domínio dos fenômenos; embora, em conseqüência do pecado, esteja parcialmente obscurecida e debilitada, ela é capaz de atingir com certeza a verdade inteligível.

Finalmente, a natureza espiritual da pessoa humana encontra e deve encontrar a sua perfeição na sabedoria, que suavemente atrai o espírito do homem à busca e amor da verdade e do bem, e graças à qual ele é levado por meio das coisas visíveis até às invisíveis.

Mais do que os séculos passados, o nosso tempo precisa de uma tal sabedoria, para que se humanizem as novas descobertas dos homens. Está ameaçado, com efeito, o destino do mundo, se não surgirem homens cheios de sabedoria. E é de notar que muitas nações, pobres em bens econômicos, mas ricas em sabedoria, podem trazer às outras, inapreciável contribuição.

Pelo dom do Espírito Santo, o homem chega na fé, a contemplar e saborear o mistério do plano divino.[8]

16. No fundo da própria consciência, o homem descobre uma lei que não se impôs a si mesmo mas a qual deve obedecer; essa voz, que sempre o está a chamar ao amor do bem e fuga do mal, soa no momento oportuno, na intimidade do seu coração: faze isto, evita aquilo. O homem tem no coração uma lei escrita

[8] Cf. Ecl 17,7-8.

pelo próprio Deus; a sua dignidade está em obedecer-lhe, e por ela é que será julgado.[9] A consciência é o centro mais secreto e o santuário do homem, na qual se encontra a sós com Deus, cuja voz se faz ouvir na intimidade do seu ser.[10] Graças à consciência, revela-se de modo admirável aquela lei que se realiza no amor de Deus e do próximo.[11] Pela fidelidade à voz da consciência, os cristãos estão unidos aos demais homens, no dever de buscar a verdade e de nela resolver tantos problemas morais que surgem na vida individual e social. Quanto mais, portanto, prevalecer a reta consciência, tanto mais as pessoas e os grupos estarão longe da arbitrariedade cega e procurarão conformar-se com as normas objetivas da moralidade. Não raro, porém, acontece que a consciência erra, por ignorância invencível, sem por isso perder a própria dignidade. Outro tanto não se pode dizer quando o homem se descuida de procurar a verdade e o bem e quando a consciência se vai progressivamente cegando, com o hábito de pecar.

17. Mas é só na liberdade que o homem se pode converter ao bem. Os homens de hoje apreciam grandemente e procuram com ardor esta liberdade; e com toda a razão. Muitas vezes, porém, fomentam-na dum modo condenável, como se ela consistisse na licença de fazer seja o que for, mesmo o mal, contanto que agrade. A liberdade verdadeira é um sinal privilegiado da imagem divina no homem. Pois Deus quis "deixar

[9] Cf. Rm 2,15-16.
[10] Cf. Pio XII, *radiomensagem acerca da formação da consciência cristã nos jovens*, 23 março, 1952: AAS 44 (1952), p. 271.
[11] Cf. Mt 22,37-40; Gl 5, 14.

o homem entregue à sua própria decisão",[12] para que busque por si mesmo o seu Criador e livremente chegue à total e beatífica perfeição, aderindo a Ele. Exige, portanto, a dignidade do homem que ele proceda segundo a própria consciência e por livre decisão, ou seja movido e determinado pessoalmente desde dentro e não levado por cegos impulsos interiores ou por mera coação externa. O homem atinge esta dignidade quando, libertando-se da escravidão das paixões, tende para o fim pela livre escolha do bem e procura a sério e com diligente iniciativa os meios convenientes. A liberdade do homem, ferida pelo pecado, só com a ajuda da graça divina pode tornar plenamente efetiva esta orientação para Deus. E cada um deve dar conta da própria vida perante o tribunal de Deus, segundo o bem ou o mal que tiver praticado.[13]

18. É em face da morte que o enigma da condição humana mais se adensa. Não é só a dor e a progressiva dissolução do corpo que atormentam o homem, mas também, e ainda mais, o temor de que tudo acabe para sempre. Mas a intuição do próprio coração fá-lo acertar, quando o leva a aborrecer e a recusar a ruína total e o desaparecimento definitivo da sua pessoa. O germe de eternidade que nele existe, irredutível à pura matéria, insurge-se contra a morte. Todas as tentativas da técnica, por muito úteis que sejam, não conseguem acalmar a ansiedade do homem: o prolongamento da longevidade biológica não pode satisfazer aquele desejo duma vida ultérior, invencivelmente radicado no seu coração.

Enquanto, diante da morte, qualquer imaginação se revela impotente, a Igreja, ensinada pela Revelação

[12] Cf. Ecl 15,14.
[13] Cf. 2Cor 5,10.

divina afirma que o homem foi criado por Deus para um fim feliz, para além dos limites da miséria terrena. A fé cristã ensina, além disso, que a morte corporal — de que o homem teria sido isento se não tivesse pecado[14] — será vencida, quando o homem for pelo onipotente e misericordioso Salvador restituído à salvação que por sua culpa perdera. Com efeito, Deus chamou e chama o homem a unir-se a ele com todo o seu ser na perpétua comunhão da incorruptível vida divina. Esta vitória, alcançou-a Cristo ressuscitado, libertando o homem da morte com a própria morte.[15] Portanto, a fé, que se apresenta à reflexão do homem, apoiada em sólidos argumentos, dá uma resposta à sua ansiedade acerca do seu destino futuro; e ao mesmo tempo oferece a possibilidade de comunicar em Cristo com os irmãos queridos que a morte já levou, fazendo esperar que eles alcançaram a verdadeira vida junto de Deus.

19. A razão mais sublime da dignidade do homem consiste na sua vocação à união com Deus. É desde o começo da sua existência que o homem é convidado a dialogar com Deus: pois, se existe, é só porque, criado por Deus, por amor, é por ele, por amor constantemente conservado; nem pode viver plenamente segundo a verdade, se não reconhecer livremente esse amor e se entregar ao seu Criador. Porém, muitos dos nossos contemporâneos não atendem a esta íntima e vital ligação a Deus, ou até a rejeitam explicitamente; de tal maneira que o ateísmo deve ser considerado entre os fatos mais graves do tempo atual e submetido a atento exame.

---

[14] Cf. Sb 1,13; 2,23-24; Rm 5,21; 6,23; Tt 1,15.
[15] Cf. 1Cor 15,56-57.

Com a palavra "ateísmo", designam-se fenômenos muito diversos entre si. Com efeito, enquanto alguns negam expressamente Deus, outros pensam que o homem não pode afirmar seja o que for a seu respeito; outros ainda, tratam o problema de Deus de tal maneira que ele parece não ter significado. Muitos, ultrapassando indevidamente os limites das ciências positivas, ou pretendem explicar todas as coisas só com os recursos da ciência, ou, pelo contrário, já não admitem nenhuma verdade absoluta. Alguns, exaltam de tal modo o homem, que a fé em Deus perde toda a força, e parecem mais inclinados a afirmar o homem do que a negar Deus. Outros, concebem Deus de uma tal maneira, que aquilo que rejeitam não é de modo algum o Deus do Evangelho. Outros há que nem sequer abordam o problema de Deus: parecem alheios a qualquer inquietação religiosa e não percebem porque se devem ainda preocupar com a religião. Além disso, o ateísmo nasce muitas vezes dum protesto violento contra o mal que existe no mundo, ou de se ter atribuído indevidamente o caráter de absoluto a certos valores humanos que passam a ocupar o lugar de Deus. A própria civilização atual, não por si mesma mas pelo fato de estar muito ligada com as realidades terrestres, torna muitas vezes mais difícil o acesso a Deus.

Sem dúvida que não estão imunes de culpa todos aqueles que procuram voluntariamente expulsar Deus do seu coração e evitar os problemas religiosos, não seguindo o ditame da própria consciência; mas os próprios crentes, muitas vezes, têm responsabilidade neste ponto. Com efeito, o ateísmo, considerado no seu conjunto, não é um fenômeno ordinário antes resulta de várias causas, entre as quais se conta também a reação crítica contra as religiões e, nalguns países, principalmente contra a religião cristã. Pelo que, os crentes podem ter tido parte não pequena na gênese do ateísmo, na medida em que, pela negligência na educação da sua fé, ou por exposições falaciosas da doutrina, ou ainda pelas deficiências da sua vida religiosa, moral e social, se pode dizer que antes esconderam do que revelaram o autêntico rosto de Deus e da religião.

20. O ateísmo moderno apresenta muitas vezes uma forma sistemática, a qual, prescindindo de outros motivos, leva o desejo de autonomia do homem a um tal grau que constitui um obstáculo a qualquer dependência para com Deus. Os que professam tal ateísmo, pretendem que a liberdade consista em ser o homem o seu próprio fim, autor único e demiurgo da sua história; e pensam que isto é incompatível com o reconhecimento de um Senhor, autor e fim e todas as coisas; ou que, pelo menos, torna tal afirmação plenamente supérflua. O sentimento de poder que os progressos técnicos hodiernos deram ao homem pode favorecer esta doutrina.

Não se deve passar em silêncio, entre as formas atuais de ateísmo, aquela que espera a libertação do homem, sobretudo da sua libertação econômica. A esta, dizem, opõe-se por sua natureza a religião, na medida em que, dando ao homem a esperança duma enganosa vida futura, o afasta da construção da cidade terrena. Por isso, os que professam esta doutrina, quando alcançam o poder, atacam violentamente a religião, difundindo o ateísmo também por aqueles meios de pressão de que dispõe o poder público, sobretudo na educação da juventude.

21. A Igreja, fiel a Deus e aos homens, não pode deixar de reprovar com dor e com toda a firmeza, como já o fez no passado,[16] essas doutrinas e atividades perniciosas, contrárias à razão e à experiência comum dos homens, e que destronam o homem da sua inata dignidade.

Procura, no entanto, descobrir no espírito dos ateus as causas ocultas da sua negação de Deus; e, consciente da gravidade dos problemas levantados pelo ateísmo e levada pelo amor dos homens, entende que elas devem ser objeto de um exame sério e profundo.

A Igreja defende que o reconhecimento de Deus de modo algum se opõe à dignidade do homem, uma vez que esta dignidade se funda e se realiza no próprio Deus. Com efeito, o homem inteligente e livre, foi constituído em sociedade por Deus Criador; mas é sobretudo chamado a unir-se, como filho, a Deus e a participar na sua felicidade. Ensina, além disso, a Igreja que a importância das tarefas terrenas não é diminuída pela esperança escatológica, mas que esta antes reforça com novos motivos a sua execução. Pelo contrário, se faltam o fundamento divino e a esperança da vida eterna, a dignidade humana é gravemente lesada, como tantas vezes se verifica nos nossos dias, e os enigmas da vida e da morte, do pecado e da dor, ficam sem solução, o que freqüentemente leva os homens ao desespero.

Entretanto, cada homem permanece para si mesmo um problema insolúvel, apenas confusamente pres-

---

[16] Cf. Pio XI, Enc. *Divini Redemptoris,* 19 março, 1937: AAS 29 (1937), p. 65-106; Pio XII, Enc. *Ad Apostolorum principis,* 29 junho, 1958: AAS 50 (1958) p. 601-614; João XXIII, Enc. *Mater et Magistra,* 15 maio, 1961: AAS 53 (1961) p. 451-453; Paulo VI, Enc. *Ecclesiam Suam,* 6 de agosto, 1964: AAS 56 (1964), p. 651-653.

sentido. Ninguém pode, na verdade, evitar inteiramente esta questão em certos momentos, e sobretudo nos acontecimentos mais importantes da vida. Só Deus pode responder plenamente e com toda a certeza, Ele que chama o homem a uma reflexão mais profunda e a uma busca mais humilde.

Quanto ao remédio para o ateísmo, ele há de vir da conveniente exposição da doutrina e da vida íntegra da Igreja e dos seus membros. Pois a Igreja deve tornar presente e como que visível a Deus Pai e a seu Filho encarnado, renovando-se e purificando-se continuamente sob a direção do Espírito Santo.[17] Isto há de alcançar-se antes de mais com o testemunho duma fé viva e adulta, educada de modo a poder perceber claramente e superar as dificuldades. Magnífico testemunho desta fé deram e continuam a dar inúmeros mártires. Ela deve manifestar a sua fecundidade, penetrando toda a vida dos fiéis, mesmo a profana, levando-os à justiça e ao amor, sobretudo para com os necessitados. Finalmente, o que contribui mais que tudo para manifestar a presença de Deus é a caridade fraterna dos fiéis que unanimemente colaboram com a fé do Evangelho[18] e se apresentam como sinal de unidade.

Ainda que rejeite inteiramente o ateísmo, todavia a Igreja proclama sinceramente que todos os homens, crentes e não crentes, devem contribuir para a reta construção do mundo no qual vivem em comum. O que não é possível sem um prudente e sincero diálogo. Deplora, por isso, a discriminação que certos governantes introduzem entre crentes e não-crentes, com desconhecimento dos direitos fundamentais da pessoa

[17] Cf. Conc. Vat. II Const. dogm. *Lumen Gentium*, cap. I, n. 8: AAS 57 (1965), p. 12.

[18] Cf. Fl 1,27.

humana. Para os crentes, reclama a liberdade efetiva, que lhes permita edificar neste mundo também o templo de Deus. Quanto aos ateus, convida-os cortesmente a considerar com espírito aberto o Evangelho de Cristo.

Pois a Igreja sabe perfeitamente que, ao defender a dignidade da vocação do homem, restituindo a esperança àqueles que já desesperam do seu destino sublime, a sua mensagem está de acordo com os desejos mais profundos do coração humano. Longe de diminuir o homem, a sua mensagem contribui para o seu bem, difundindo luz, vida e liberdade; e, fora dela, nada pode satisfazer o coração humano: "Fizeste-nos para ti, Senhor, e o nosso coração está inquieto, enquanto não repousa em ti".[19]

22. Na realidade, o mistério do homem só no mistério do Verbo encarnado se esclarece verdadeiramente. Adão, o primeiro homem, era efetivamente figura do futuro,[20] isto é, de Cristo Senhor. Cristo, novo Adão, na própria revelação do mistério do Pai e do seu amor, revela o homem a si mesmo e descobre-lhe a sua vocação sublime. Não é por isso de admirar que as verdades acima ditas tenham nele a sua fonte e nele atinjam a plenitude.

"Imagem de Deus invisível" (Cl 1,15),[21] ele é o homem perfeito, que restitui aos filhos de Adão a semelhança divina, deformada desde o primeiro pecado. Já que, nele, a natureza humana foi assumida,

---

[19] Santo Agostinho, *Confissões*, I, 1: PL 32, 661.
[20] Cf. Rm 5,14. Cf. Tertuliano, *De carnis resurr.* 6: "Quodcumque limus exprimebatur, Christus cogitabatur Homo futuros": PL 2, 282; CSEL, 47, p. 33, 1. 12-13.
[21] Cf. 2Cor 4,4.

e não destruída,[22] por isso mesmo também em nós ela foi elevada a sublime dignidade. Porque, pela sua encarnação, ele, o Filho de Deus, uniu-se de certo modo a cada homem. Trabalhou com mãos humanas, pensou com uma inteligência humana, agiu com uma vontade humana,[23] amou com um coração humano. Nascido da Virgem Maria, tornou-se verdadeiramente um de nós, semelhante a nós em tudo, exceto no pecado.[24]

Cordeiro inocente, mereceu-nos a vida com a livre efusão do seu sangue; nele nos reconciliou Deus consigo e uns com os outros[25] e nos arrancou da escravidão do demônio e do pecado. De maneira que cada um de nós pode dizer com o Apóstolo: o Filho de Deus "amou-me e entregou-se por mim" (Gl 2, 20). Sofrendo por nós, não só nos deu exemplo, para que sigamos os seus passos,[26] mas também abriu um novo caminho, em que a vida e a morte são santificadas e recebem um novo sentido.

O cristão, tornado conforme à imagem do Filho que é o primogênito entre a multidão dos irmãos,[27]

---

[22] Cf. Conc. Constant. II, can. 7: "Neque Deo Verbo in carnis naturam transmutato, neque carne in Verbi naturam transducta": Denz. 219 (428). Cf. também Conc. Constant. III: "Quemadmodum enim sanctissima ac immaculata animata eius caro deificata non est perempta (theôtheisa ouk anèrethe), sed in proprio sui statu et ratione permansit": *Denz.* 291 (556). Cf. Conc. Calc.: "in duabus naturiis inconfuse, immutabiliter, indivise inseparabiliter agnoscendum": *Denz.* 148 (302).

[23] Cf. Conc. Const. III: "ita et humana eins voluntas deificata non est perempta": *Denz* 291 (556).

[24] Cf. Hb 4,15.

[25] Cf. 2Cor 5,18-19; Cl 1,20-22.

[26] Cf. 1Pd 2,21; Mt 16,24; Lc 14,27.

[27] Cf. Rm 8,29; Cl 3,10-14.

recebe "as primícias do Espírito" (Rm 8,23), que o tornam capaz de cumprir a lei nova do amor.[28] Por meio deste Espírito, "penhor da herança" (Ef 1,14), o homem todo é renovado interiormente, até à "redenção do corpo" (Rm 8,23): "Se o Espírito daquele que ressuscitou Jesus de entre os mortos habita em vós, aquele que ressuscitou Jesus entre os mortos dará também a vida aos vossos corpos mortais, pelo seu Espírito que em vós habita" (Rm 8,11).[29] É verdade que para o cristão é uma necessidade e um dever lutar contra o mal através de muitas tribulações, e sofrer a morte; mas, associado ao mistério pascal, e configurado à morte de Cristo, vai ao encontro da ressurreição, fortalecido pela esperança.[30]

E o que fica dito vale não só dos cristãos, mas de todos os homens de boa vontade, em cujos corações a graça opera ocultamente.[31] Com efeito, já que por todos morreu Cristo[32] e que a vocação última de todos os homens é realmente uma só, a saber, a divina, devemos manter que o Espírito Santo a todos dá a possibilidade de se associarem a este mistério pascal por um modo só de Deus conhecido.

Tal é, e tão grande, o mistério do homem, que a revelação cristã manifesta aos que crêem. E assim, por Cristo e em Cristo, esclarece-se o enigma da dor e da morte, o qual, fora do seu Evangelho, nos esmaga.

---

[28] Cf. Rm 8,1-11.
[29] Cf. 2Cor 4,14.
[30] Cf. Fl 3,10; Rm 8,17.
[31] Cf. Conc. Vat. II, Const. dogm. *Lumen gentium*, Cap. 2, n. 16: AAS 57 (1965), p. 20.
[32] Cf. Rm 8,32.

Cristo ressuscitou, destruindo a morte com a própria morte, e deu-nos a vida,[33] para que tornados filhos no Filho, exclamemos no Espírito: Abá, Pai![34]

CAPÍTULO II

A COMUNIDADE HUMANA

23. Entre os principais aspectos do mundo atual conta-se a multiplicação das relações entre os homens, cujo desenvolvimento é muito favorecido pelos progressos técnicos hodiernos. Todavia, o diálogo fraterno entre os homens não se realiza ao nível destes progressos, mas ao nível mais profundo da comunidade de pessoas, a qual exige o mútuo respeito da sua plena dignidade espiritual. A revelação cristã favorece poderosamente esta comunhão entre as pessoas, ao mesmo tempo que nos leva a uma compreensão mais profunda das leis da vida social que o Criador inscreveu na natureza espiritual e natural do homem.

Dado, porém que recentes documentos do magistério eclesiástico expuseram a doutrina cristã acerca da sociedade humana,[1] o Concílio limita-se a recordar algumas verdades mais importantes e a expor o seu fundamento à luz da revelação. Insiste, seguidamente, em algumas conseqüências de maior importância para o nosso tempo.

[33] Cf. *Liturgia Pascal bizantina*.
[34] Cf. Rm 8,15 e Gl 4,6; cf. também Jo 1,22 e Jo 3,1-2.
[1] Cf. João XXIII, Enc. *Mater et Magistra*, 15 maio 1961: AAS 53 (1961) p. 401-464; Enc. *Pacem in terris*, 11 abril 1963: AAS 55 (1963), p. 257-304; Paulo VI, Enc. *Ecclesiam Suam*, 6 agosto 1964: AAS 54 (1964), p. 609-659.

24. Deus, que por todos cuida com solicitude paternal, quis que os homens formassem uma só família, e se tratassem uns aos outros como irmãos. Criados todos à imagem e semelhança daquele Deus que "fez habitar sobre toda a face da terra o inteiro gênero humano, saído dum princípio único" (At 17,26), todos são chamados a um só e mesmo fim, que é o próprio Deus.

E por isso, o amor de Deus e do próximo é o primeiro e maior de todos os mandamentos. Mas a Sagrada Escritura ensina-nos que o amor de Deus não se pode separar do amor do próximo: "...Todos os outros mandamentos se resumem neste: amarás o próximo como a ti mesmo... A caridade é, pois, a lei na sua plenitude" (Rm 13,9-10; cf. 1Jo 4,20). Isto revela-se como da maior importância, hoje, que os homens se tornam cada dia mais dependentes uns dos outros e o mundo se unifica cada vez mais.

Mais ainda: quando o Senhor Jesus pede ao Pai "que todos sejam um..., como nós somos um" (Jo 17,21-22), sugere — abrindo perspectivas inacessíveis à razão humana — que há uma certa analogia entre a união das pessoas divinas entre si e a união dos filhos de Deus na verdade e na caridade. Esta semelhança torna manifesto que o homem, única criatura sobre a terra a ser querida por Deus por si mesma, não se pode encontrar plenamente a não ser no sincero dom de si mesmo.[2]

25. A natureza social do homem torna claro que o processo da pessoa humana e o desenvolvimento da própria sociedade estão em mútua dependência. Com efeito, a pessoa humana, uma vez que, por sua natureza, necessita absolutamente da vida social, é e deve

[2] Cf. Lc 17,23.

ser o princípio, o sujeito e o fim de todas as instituições sociais.[3] Não sendo, portanto, a vida social algo de acrescentado ao homem, este cresce segundo todas as suas qualidades e torna-se capaz de responder a própria vocação, graças ao contato com os demais, o mútuo serviço e o diálogo com seus irmãos.

Entre os laços sociais, necessários para o desenvolvimento do homem, alguns, como a família e a sociedade política, correspondem mais imediatamente à sua natureza íntima; outros são antes fruto da sua livre vontade. No nosso tempo, devido a várias causas, as relações e interdependências mútuas multiplicam-se cada vez mais; o que dá origem a diversas associações e instituições, quer públicas quer privadas. Este fato, denominado socialização embora não esteja isento de perigos, traz todavia consigo muitas vantagens, em ordem a confirmar e desenvolver as qualidades da pessoa humana e a proteger os seus direitos.[4]

Porém, se é verdade que as pessoas humanas recebem muito desta vida social, em ordem a realizar a própria vocação, mesmo a religiosa, também não se pode negar que os homens são muitas vezes afastados do bem ou impelidos ao mal pelas condições em que vivem e estão mergulhados desde a infância. É certo que as tão freqüentes perturbações da ordem social vêm em grande parte, das tensões existentes no seio das formas econômicas, políticas e sociais. Mas, mais profundamente, nascem do egoísmo e do orgulho dos homens, os quais também pervertem o ambiente social. Onde a ordem das coisas se encontra viciada pelas con-

---

[3] Cf. Santo Tomás, *v Ethic. lect.* 1.
[4] Cf. João XXIII, Enc. *Mater et Magistra:* AAS 53 (1961), p. 418. Cf. também Pio XI, Enc. *Quadragesimo anno:* AAS 23 (1931), p. 222.

seqüências do pecado, o homem, nascido com uma inclinação para o mal, encontra novos incitamentos para o pecado, que não pode superar sem grandes esforços, ajudado pela graça.

26. A interdependência cada vez mais estreita e progressivamente estendida a todo o mundo, faz com que o bem comum — ou seja, o conjunto das condições da vida social que permitem, tanto aos grupos como a cada membro, alcançar mais plena e facilmente a própria perfeição — se torne hoje cada vez mais universal e que, por esse motivo, implique direitos e deveres que dizem respeito a todo o gênero humano. Cada grupo deve ter em conta as necessidades e legítimas aspirações dos outros grupos e mesmo o bem comum de toda a família humana.[5]

Simultaneamente, aumenta a consciência da eminente dignidade da pessoa humana, por ser superior a todas as coisas e os seus direitos e deveres serem universais e invioláveis. É necessário, portanto, tornar acessíveis ao homem todas as coisas de que necessita para levar uma vida verdadeiramente humana: alimentos, vestuário, casas, direito de escolher livremente o estado de vida e de constituir família, direito à educação, ao trabalho, à boa fama, ao respeito, à conveniente informação, direito de agir segundo as normas da própria consciência, direito à proteção da sua vida e à justa liberdade mesmo em matéria religiosa.

A ordem social e o seu progresso devem, pois, reverter sempre em bem das pessoas, já que a ordem das coisas deve estar subordinada à ordem das pessoas e não ao contrário; foi o que o próprio Senhor insinuou ao dizer que o sábado fora feito para o homem e

---

[5] Cf. João XXIII, Enc. *Mater et Magistra*: AAS 53 (1961), p. 417.

não o homem para o sábado.⁶ Essa ordem, fundada na verdade, construída sobre a justiça e vivificada pelo amor, deve ser cada vez mais desenvolvida e, na liberdade, deve encontrar um equilíbrio cada vez mais humano.⁷ Para o conseguir, será necessária a renovação da mentalidade e a introdução de amplas reformas sociais.

O Espírito de Deus, que dirige o curso dos tempos e renova a face da terra com admirável providência, está presente a esta evolução. E o fermento evangélico despertou e desperta no coração humano uma irreprimível exigência de dignidade.

27. Vindo a conclusões práticas e mais urgentes, o Concílio recomenda a reverência para com o homem, de maneira que cada um deve considerar o próximo, sem exceção, como um "outro eu", tendo em conta, antes de mais, sua vida e os meios necessários para a levar dignamente,⁸ não imitando aquele homem rico que não fez caso algum do pobre Lázaro.⁹

Sobretudo em nossos dias, urge a obrigação de nos tornarmos o próximo de todo e qualquer homem, e de o servir efetivamente quando vem ao nosso encontro — quer seja o ancião, abandonado de todos, ou o operário estrangeiro injustamente desprezado, ou exilado, ou a criança ilegítima que sofre injustamente por causa dum pecado que não cometeu, ou o indigente que interpela a nossa consciência, recordando a palavra do Senhor: "Todas as vezes que o fizestes a um destes

⁶ Cf. Mc 2,27.
⁷ Cf. João XXIII, Enc. *Pacem in terris*: AAS 55 (1963), p. 266.
⁸ Cf. Tt 2,15-16.
⁹ Cf. Lc 16,18-31.

meus irmãos mais pequeninos, a mim o fizestes" (Mt 25,40).

Além disso, são infames as seguintes coisas: tudo quanto se opõe à vida, como seja toda a espécie de homicídio, genocídio, aborto, eutanásia e suicídio voluntário; tudo o que viola a integridade da pessoa humana, como as mutilações, os tormentos corporais e mentais e as tentativas para violentar as próprias consciências; tudo quanto ofende a dignidade da pessoa humana, como as condições de vida infra-humanas, as prisões arbitrárias, as deportações, a escravidão, a prostituição, o comércio de mulheres e jovens; e também as condições degradantes de trabalho, em que os operários são tratados como meros instrumentos de lucro e não como pessoas livres e responsáveis. Todas estas coisas e outras semelhantes, ao mesmo tempo que corrompem a civilização humana, desonram mais aqueles que assim procedem, do que os que padecem injustamente; e ofendem gravemente a honra devida ao Criador.

28. O nosso respeito e amor devem estender-se também àqueles que pensam ou atuam diferentemente de nós em matéria social, política ou até religiosa. Aliás, quando mais intimamente compreendermos, com delicadeza e caridade, a sua maneira de ver, tanto mais facilmente poderemos com eles dialogar.

Evidentemente, este amor e benevolência de modo algum nos deve tornar indiferentes perante a verdade e o bem. Pelo contrário, é o próprio amor que incita os discípulos de Cristo a anunciar a todos a verdade salvadora. Mas deve distinguir-se entre o erro, sempre de rejeitar, e aquele que erra, o qual conserva sempre a dignidade própria de pessoas, mesmo quando está atingido por idéias religiosas falsas ou menos exatas.[10] Só Deus é juiz e penetra os corações; por esse motivo, proíbe-nos ele de julgar da culpabilidade interna de qualquer pessoa.[11]

A doutrina de Cristo exige que também perdoemos as injúrias,[12] e estende a todos os inimigos o preceito do amor, que é o mandamento da Lei Nova: "ouvistes que foi dito: amarás o teu próximo, e odiarás o teu inimigo. Mas eu digo-vos: amai vossos inimigos, fazei bem aos que vos odeiam e orai pelos que vos perseguem e caluniam" (Mt 5,43-44).

29. A igualdade fundamental entre todos os homens deve ser cada vez mais reconhecida, uma vez que, dotados de alma racional e criados à imagem de Deus, todos têm a mesma natureza e origem; e, remidos por Cristo, todos têm a mesma vocação e destino divinos.

Sem dúvida, os homens não são todos iguais quanto à capacidade física e forças intelectuais e morais, variadas e diferentes em cada um. Mas deve superar-se e eliminar-se, como contrária a vontade de Deus, qualquer forma social ou cultural de discriminação, quanto aos direitos fundamentais da pessoa, por razão do sexo, raça, cor, condição social, língua ou religião. É realmente de lamentar que esses direitos fundamentais da pessoa ainda não sejam respeitados em toda a parte. Por exemplo, quando se nega à mulher o poder escolher livremente o esposo ou o estado de vida ou conseguir uma educação e cultura semelhantes às do homem.

---

[10] Cf. João XXIII, Enc. *Pacem in terris*: AAS 55 (1963), p. 299 e 300.
[11] Cf. Lc 6,37-38; Mt 7,1-2; Rm 2,1-11; 14,10; 14,10-12.
[12] Cf. Mt 5,43-47.

Além disso, embora entre os homens haja justas diferenças, a igual dignidade pessoal postula, no entanto, que se chegue a condições de vida mais humanas e justas. Com efeito, as excessivas desigualdades econômicas e sociais entre os membros e povos da única família humana provocam o escândalo e são obstáculo à justiça social, à eqüidade, à dignidade de pessoa humana e, finalmente, à paz social e internacional.

Procurem as instituições humanas, privadas ou públicas, servir a dignidade e fim do homem, combatendo ao mesmo tempo valorosamente contra qualquer forma de sujeição política ou social e salvaguardando, sob qualquer regime político, os direitos humanos fundamentais. Mais ainda, é necessário que tais instituições se adaptem progressivamente às realidades espirituais, que são as mais elevadas de todas; embora por vezes se requeira um tempo razoavelmente longo para chegar a esse desejado fim.

30. A profundidade e rapidez das transformações reclamam com maior urgência que ninguém se contente, por não atender à evolução das coisas ou por inércia, com uma ética puramente individualística. O dever de justiça e caridade cumpre-se cada vez mais com a contribuição de cada um em favor do bem comum, segundo as próprias possibilidades e as necessidades dos outros, promovendo instituições públicas ou privadas e ajudando as que servem para melhorar as condições de vida dos homens. Mas há pessoas que, fazendo profissão de idéias amplas e generosas, vivem sempre, no entanto, de tal modo como se nenhum caso fizessem das necessidades sociais. E até, em vários países, muitos desprezam as leis e prescrições sociais. Não poucas atrevem-se a eximir-se, com várias fraudes e enganos, aos impostos e outras obrigações sociais. Outros desprezam certas normas da vida social, como por

exemplo, as estabelecidas para defender a saúde ou para regularizar o trânsito de veículos, sem repararem que esse descuido põe em perigo a vida própria e alheia.

Todos tomem a peito considerar e respeitar as relações sociais como um dos principais deveres do homem de hoje. Com efeito, quanto mais o mundo se unifica, tanto mais as obrigações dos homens transcendem os grupos particulares e se estendem progressivamente a todo o mundo. O que só se poderá fazer, se os indivíduos e grupos cultivarem em si mesmos e difundirem na sociedade as virtudes morais e sociais, de maneira a tornarem-se realmente, com o necessário auxílio da graça divina, homens novos e construtores duma humanidade nova.

31. Para que cada homem possa cumprir mais perfeitamente os seus deveres de consciência quer para consigo quer em relação aos vários grupos de que é membro, deve-se ter o cuidado de que todos recebam uma formação mais ampla, empregando-se para tal os consideráveis meios de que hoje dispõe a humanidade. Antes de mais, a educação dos jovens, de qualquer origem social, deve ser de tal maneira organizada que suscite homens e mulheres não apenas cultos mas também de forte personalidade, tão urgentemente requeridos pelo nosso tempo.

Mal poderá, contudo, o homem chegar a este sentido de responsabilidade, se as condições de vida lhe não permitirem tornar-se consciente da própria dignidade e responder à sua vocação, empenhando-se no serviço de Deus e dos outros homens. Ora a liberdade humana com freqüência se debilita quando o homem cai em extrema miséria, e degrada-se quando ele, cedendo às demasiadas facilidades da vida, se fecha numa espécie de solidão dourada. Pelo contrário, ela robustece-se quando o homem aceita as inevitáveis dificuldades da vida social, assume as multiformes exigências da vida em comum e se empenha no serviço da comunidade humana.

Deve, por isso, estimular-se em todos a vontade de tomar parte nos empreendimentos comuns. E é de louvar o modo de agir das nações em que a maior parte dos cidadãos participa, com verdadeira liberdade, nos assuntos públicos. É preciso, porém, ter sempre em conta a situação real de cada povo e o necessário vigor da autoridade pública. Mas para que todos os cidadãos se sintam inclinados a participar na vida dos vários grupos de que se forma o corpo social, é necessário que encontrem nesses grupos bens que os atraiam e os predisponham ao serviço dos outros. Podemos legitimamente pensar que o destino futuro da humanidade está nas mãos daqueles que souberem dar às gerações vindouras razões de viver e de esperar.

32. Do mesmo modo que Deus não criou os homens para viverem isolados, mas para se unirem em sociedade assim também lhe "aprouve... santificar e salvar os homens, não individualmente e com exclusão de qualquer ligação mútua, mas fazendo deles um povo que o reconhesse em verdade e o servisse santamente".[13] Desde o começo da história da salvação, Ele escolheu os homens, não só como indivíduos mas como membros duma comunidade. Com efeito, manifestando o seu desígnio, chamou a esses escolhidos o "seu povo" (Ex 3,7-12), com o qual estabeleceu aliança no Sinai.[14]

---

[13] Cf. Conc. Vat. II, Const. dogm. *Lumen gentium*, cap. II, n. 9: AAS 57 (1965), p. 12-13.

[14] Cf. Ex 24,1-8.

Esta índole comunitária aperfeiçoa-se e completa-se com a obra de Jesus Cristo. Pois o próprio Verbo encarnado quis participar da vida social dos homens. Tomou parte nas bodas de Caná, entrou na casa de Zaqueu, comeu com os publicanos e pecadores. Revelou o amor do Pai e a sublime vocação dos homens, evocando realidades sociais comuns e servindo-se de modos de falar e de imagens da vida de todos os dias. Santificou os laços sociais e antes de mais os familiares, fonte da vida social; e submeteu-se livremente às leis do seu país. Quis levar a vida própria dos operários do seu tempo e da sua terra.

Na sua pregação claramente mandou aos filhos de Deus que se tratassem como irmãos. E na sua oração pediu que todos os seus discípulos fossem "um". Ele próprio se ofereceu à morte por todos, de todos feito Redentor. "Não há maior amor do que dar alguém a vida pelos seus amigos" (Jo 15,13). E mandou os apóstolos pregar a todos os povos a mensagem evangélica para que o gênero humano se tornasse a família de Deus na qual o amor fosse toda a lei.

Primogênito entre muitos irmãos, estabeleceu, depois da sua morte e ressurreição, com o dom do seu Espírito, uma nova comunhão fraterna entre todos os que o recebem com fé e caridade, a saber: na Igreja, que é o seu corpo, no qual todos, membros uns dos outros, se prestam mutuamente serviço segundo os diversos dons a cada um concedidos.

Esta solidariedade deve crescer sem cessar, até se consumar naquele dia em que os homens, salvos pela graça, darão perfeita glória a Deus, como família amada do Senhor e de Cristo seu irmão.

CAPÍTULO III

A ATIVIDADE NO MUNDO

33. Sempre o homem procurou, com o seu trabalho e engenho, desenvolver mais a própria vida; hoje, porém, sobretudo graças à ciência e à técnica, estendeu o seu domínio à natureza quase inteira, e continuamente o aumenta; e a família humana, sobretudo devido ao aumento de múltiplos meios de comunicação entre as nações, vai-se descobrindo e organizando progressivamente como uma só comunidade espalhada pelo mundo inteiro. Acontece assim que muitos bens que o homem noutro tempo esperava sobretudo das forças superiores, os alcance hoje por seus próprios meios.

Muitas são as questões que se levantam entre os homens, perante este imenso empreendimento, que já atingiu o inteiro gênero humano. Qual o sentido e valor desta atividade? Como se devem usar todos estes bens? Para que fim tendem os esforços dos indivíduos e das sociedades? Guarda do depósito da palavra divina, onde se vão buscar os princípios da ordem religiosa e moral, a Igreja, embora nem sempre tenha uma resposta já pronta para cada uma destas perguntas, deseja, no entanto, juntar a luz da revelação à competência de todos os homens, para que assim receba luz, o caminho recentemente empreendido pela humanidade.

34. Uma coisa é certa para os crentes: a atividade humana individual e coletiva, aquele imenso esforço com que os homens, no decurso dos séculos, tentaram melhorar as condições de vida, corresponde à

vontade de Deus. Pois o homem, criado à imagem de Deus, recebeu o mandamento de dominar a terra com tudo o que ela contém e governar o mundo na justiça e na santidade[1] e, reconhecendo Deus como criador universal, orientar-se a si e ao universo para ele; de maneira que, estando todas as coisas sujeitas ao homem, seja glorificado em toda a terra o nome de Deus.[2]

Isto aplica-se também às atividades de todos os dias. Assim, os homens e mulheres que ao ganhar o sustento para si e suas famílias, de tal modo exercem a própria atividade que prestam conveniente serviço a sociedade, com a razão podem considerar que prolongam com o seu trabalho a obra do criador, ajudam os seus irmãos e dão uma contribuição pessoal para a realização dos desígnios de Deus na história.[3]

Longe de pensar que as obras do engenho e poder humano se opõem ao poder de Deus, ou de considerar a criatura racional como rival do Criador, os cristãos devem, pelo contrário, estar convencidos de que as vitórias do gênero humano manifestam a grandeza de Deus e são fruto do seu desígnio inefável. Mas, quanto mais aumenta o poder dos homens, tanto mais cresce a sua responsabilidade, pessoal e comunitária. Vê-se, portanto, que a mensagem cristã não afasta os homens da tarefa de construir o mundo, nem os leva a desatender o bem dos seus semelhantes, mas que, antes, os obriga ainda mais a realizar essas atividades.[4]

---

[1] Cf. Gn 1,26-27; 9,3; Sb 9,3.
[2] Cf. Sl 8,7 e 10.
[3] Cf. João XXIII, Enc. *Pacem in terris*: ASS 55 (1963), p. 297.
[4] Cf. *Mensagem enviada à humanidade pelos Padres Conciliares no início do Concílio Vaticano II*, outubro, 1962: AAS 54 (1962), p. 823.

35. A atividade humana, do mesmo modo que procede do homem, assim para ele se ordena. De fato, quando age, o homem não transforma apenas as coisas e a sociedade, mas realiza-se a si mesmo. Aprende muitas coisas, desenvolve as próprias faculdades, sai de si e eleva-se sobre si mesmo. Este desenvolvimento, bem compreendido, vale mais do que os bens externos que se possam conseguir. O homem vale mais por aquilo que é do que por aquilo que possue.[5] De igual modo, tudo o que os homens fazem para conseguir maior justiça, mais fraternidade, uma organização mais humana das relações sociais, vale mais do que os progressos técnicos. Pois tais progressos podem proporcionar a base material para a promoção humana, mas por si sós são incapazes de a realizar.

A norma da atividade humana é pois a seguinte: segundo o plano e vontade de Deus, ser conforme com o verdadeiro bem da humanidade e tornar possível ao homem, individualmente considerado ou em sociedade, cultivar e realizar a sua vocação integral.

36. No entanto muitos dos nossos contemporâneos parecem temer que a íntima ligação entre a atividade humana e a religião constitua um obstáculo para a autonomia dos homens, das sociedades ou das ciências.

Se por autonomia das realidades terrenas se entende que as coisas criadas e as próprias sociedades têm leis e valores próprios, que o homem irá gradualmente descobrindo, utilizando e organizando, é perfeitamente legítimo exigir tal autonomia. Para além de ser uma exigência dos homens do nosso tempo, trata-se de algo inteiramente de acordo com a vontade do Cria-

---

[5] Cf. Paulo VI, *Alocução ao Corpo diplomático,* 7 janeiro, 1965: AAS 57 (1965), p. 232.

dor. Pois, em virtude do próprio fato da criação, todas as coisas possuem consistência, verdade, bondade e leis próprias, que o homem deve respeitar, reconhecendo os métodos peculiares de cada ciência e arte. Por esta razão, a investigação metódica em todos os campos do saber, quando levada a cabo de um modo verdadeiramente científico e segundo as normas morais, nunca será realmente oposta à fé, já que as realidades profanas e as da fé têm origem no mesmo Deus.[6] Antes, quem se esforça com humildade e constância por perscrutar os segredos da natureza, é, mesmo quando disso não tem consciência, como que conduzido pela mão de Deus, o qual sustenta todas as coisas e as faz ser o que são. Seja permitido, por isso, deplorar certas atitudes de espírito que não faltaram entre os mesmos cristãos, porque não reconheceram suficientemente a legítima autonomia da ciência e que, pelas disputas e controvérsias a que deram origem, levaram muitos espíritos a pensar que a fé e a ciência eram incompatíveis.[7]

Se, porém, com as palavras "autonomia das realidades temporais" se entende que as criaturas não dependem de Deus e que o homem pode usar delas sem as ordenar ao Criador, ninguém que acredite em Deus deixa de ver a falsidade de tais assertos. Pois, sem o Criador, a criatura não subsiste. De resto, todos os crentes, de qualquer religião, sempre souberam ouvir a sua voz e manifestação na linguagem das criaturas. Antes, se se esquece Deus, a própria criatura se obscurece.

37. A Sagrada Escritura, confirmada pela experiência dos séculos, ensina à família humana que o pro-

---

[6] Cf. Conc. Vat. I. Const. dogm. *De fide cath.*, cap. III: Denz. 1785-1786 (3004-3005).

[7] Cf. Mons. Pio Paschini, *Vita e opere di Galileo Galilei*, ed. Vat. 1964.

gresso, tão grande bem para o homem, traz consigo também uma grande tentação: perturbada a ordem de valores e misturado o bem com o mal, homens e grupos consideram apenas o que é seu, esquecendo o dos outros. Deixa assim o mundo de ser um lugar de verdadeira fraternidade, enquanto que o acrescido poderio dos homens ameaça já destruir o próprio gênero humano.

Um duro combate contra os poderes das trevas atravessa, com efeito, toda a história humana; começou no princípio do mundo e, segundo a palavra do Senhor,[8] durará até ao último dia. Inserido nesta luta, o homem deve combater constantemente, se quer ser fiel ao bem; e só com grandes esforços e a ajuda da graça de Deus conseguirá realizar a sua própria unidade.

Por isso, a Igreja de Cristo, confiando no desígnio do Criador, ao mesmo tempo que reconhece que o progresso humano pode servir para a verdadeira felicidade dos homens, não pode deixar de repetir aquela palavra do Apóstolo: "não vos conformeis com este mundo" (Rm 12,2), isto é, com aquele espírito de vaidade e malícia que transforma a atividade humana, destinada ao serviço de Deus e do homem, em instrumento de pecado.

E se alguém quer saber de maneira se pode superar esta situação miserável, os cristãos afirmam que todas as atividades humanas, constantemente ameaçadas pela soberba e amor-próprio desordenado, devem ser purificadas e levadas à perfeição pela cruz e ressurreição de Cristo. Porque, remido por Cristo e tornado nova criatura no Espírito Santo, o homem pode e deve amar até mesmo as coisas criadas. Pois recebeu-as de Deus e considera-as e respeita-as como vindas da mão do Senhor. Dando por elas graças ao Benfeitor e usan-

[8] Cf. Mt 24,13; 13,24-30 e 36-43.

do e aproveitando as criaturas em pobreza e liberdade de espírito, é introduzido no verdadeiro senhorio do mundo, como quem nada tem e tudo possui.[9] "Todas as coisas são vossas; mas vós sois de Cristo e Cristo é de Deus" (1Cor 3,22-23).

38. O Verbo de Deus, pelo qual todas as coisas foram feitas, fazendo-se homem e vivendo na terra dos homens,[10] entrou como homem perfeito na história do mundo, assumindo-a e recapitulando-a.[11] Ele revela-nos que "Deus é amor" (1Jo 4,8) e ensina-nos ao mesmo tempo que a lei fundamental da perfeição humana e, portanto, da transformação do mundo, é o novo mandamento do amor. Dá assim, aos que acreditam no amor de Deus, a certeza de que o caminho do amor está aberto para todos e que o esforço por estabelecer a universal fraternidade não é vão. Adverte, ao mesmo tempo, que este amor não se deve exercitar apenas nas coisas grandes, mas, antes de mais, nas circunstâncias ordinárias da vida. Suportando a morte por todos nós pecadores,[12] ensina-nos com o seu exemplo que também devemos levar a cruz que a carne e o mundo fazem pesar sobre os ombros daqueles que seguem a paz e a justiça. Constituído Senhor pela sua ressurreição, Cristo, a quem foi dado o poder no céu e sobre a terra,[13] atua já pela força do Espírito Santo nos corações dos homens; não suscita neles apenas o desejo da vida futura, mas por isso mesmo, anima, purifica e fortalece também aquelas generosas aspirações que levam a humanidade a tentar tornar a vida

[9] Cf. 2Cor 6,10.
[10] Cf. Jo 1,3 e 14.
[11] Cf. Ef 1,10.
[12] Cf. Jo 3,16; Rm 5,8.
[13] Cf. At 2,36; Mt 28,18.

mais humana e a submeter para esse fim toda a terra. Sem dúvida, os dons do Espírito são diversos: enquanto chama alguns a darem claro testemunho do desejo da pátria celeste e a conservarem-no vivo no seio da família humana, chama outros a dedicarem-se ao serviço terreno dos homens, preparando com esta sua atividade como que a matéria do reino dos céus. Liberta, porém, a todos, para que, deixando o amor-próprio e empregando em favor da vida humana todas as energias terrenas se lancem para o futuro, em que a humanidade se tornará oblação agradável a Deus.[14]

O penhor desta esperança e o viático para este caminho deixou-os o Senhor aos seus naquele sacramento da fé, em que os elementos naturais, cultivados pelo homem, se convertem no corpo e sangue gloriosos, na ceia da comunhão fraterna e na prelibação do banquete celeste.

39. Ignoramos o tempo em que a terra e a humanidade atingirão a sua plenitude,[15] e também não sabemos que transformação sofrerá o universo. Porque a figura deste mundo, deformada pelo pecado, passa certamente,[16] mas Deus ensina-nos que se prepara uma nova habitação e uma nova terra, na qual reina a justiça[17] e cuja felicidade satisfará e superará todos os desejos de paz que se levantam no coração dos homens.[18] Então, vencida a morte, os filhos de Deus ressuscitarão em Cristo e aquilo que foi semeado na fraqueza e

---

[14] Cf. Rm 15,16.
[15] Cf. At 1,7.
[16] Cf. 1Cor 7,31; Sto. Irineu, Adversus Haereses, V, 36: PG VIII, 1221.
[17] Cf. 2Cor 5,2; 2Pd 3,13.
[18] Cf. 1Cor 2,9; Ap 21,4-5.

corrupção, revestir-se-á de incorruptibilidade;[19] permanecendo a caridade e as suas obras,[20] todas as criaturas que Deus criou para o homem serão libertadas da escravidão da vaidade.[21]

É-nos lembrado que de nada serve ao homem ganhar o mundo inteiro, se a si mesmo se vem a perder.[22] A expectativa da nova terra não deve, porém enfraquecer, mas antes ativar a solicitude em ordem a desenvolver esta terra, onde cresce o corpo da nova família humana, que já consegue apresentar uma certa prefiguração do mundo futuro. Por conseguinte, embora o progresso terreno se deva cuidadosamente distinguir do crescimento do reino de Cristo, todavia, na medida em que pode contribuir para a melhor organização da sociedade humana, interessa muito ao reino de Deus.[23]

Todos estes bens da dignidade humana, da comunhão fraterna e da liberdade, fruto da natureza e do nosso trabalho, depois de os termos difundido na terra, no Espírito do Senhor e segundo o seu mandamento, voltaremos de novo a encontrá-los, mas estão purificados de qualquer mancha, iluminados e transfigurados, quando Cristo entregar ao Pai o reino eterno e universal: "reino de verdade e de vida, reino de santidade e de graça, reino de justiça, de amor e de paz.[24] Sobre a terra, o reino já está misteriosamente presente; quando o Senhor vier, atingirá a perfeição.

[19] Cf. 1Cor 15,42 e 53.
[20] Cf. 1Cor 13,8; 3,14.
[21] Cf. Rm 8,19-21.
[22] Cf. Lc 9,25.
[23] Cf. Pio XI, Enc. *Quadragesimo anno:* AAS 23 (1931), p. 207.
[24] Prefácio da festa de Cristo Rei.

CAPÍTULO IV

O PAPEL DA IGREJA
NO MUNDO CONTEMPORÂNEO

40. Tudo quanto dissemos acerca da dignidade da pessoa humana, da comunidade dos homens, do significado profundo da atividade humana, constitui o fundamento das relações entre a Igreja e o mundo e a base do seu diálogo recíproco.[1] Pelo que, no presente capítulo pressuponado tudo o que o concílio já declarou acerca do mistério da Igreja, considerar-se-á a mesma Igreja enquanto existe neste mundo e com ele vive e atua.

A Igreja, que tem a sua origem no amor do eterno Pai,[2] foi fundada, no tempo, por Cristo Redentor, e reúne-se no Espírito Santo,[3] tem um fim salvador e escatológico, o qual só se poderá atingir plenamente no outro mundo. Mas ela existe já atualmente na terra, composta de homens que são membros da cidade terrena e chamados a formar já na história humana a família dos filhos de Deus, a qual deve crescer continuamente até a vinda do Senhor. Unida em vista dos bens celestes e com eles enriquecida, esta família foi por Cristo "constituída e organizada como sociedade neste mundo",[4] dispondo de "convenientes meios, de unidade visível e social". Deste modo a Igreja,

[1] Cf. Paulo VI, Enc. *Ecclesiam Suam*, III · AAS 56 (1964), p. 637-659.
[2] Cf. Tt 3,4: "philantharopia".
[3] Cf. Ef 1,3.5-6 13-14 23
[4] Cf. Conc. Vat. II, Const. dogm. *Lumen Gentium,* cap. I, n. 8: AAS 57 (1965), p. 12.
Ibid., cap. II, n. 9: AAS 57 (1965), p. 14; Cf. n. 8 AAS 1. c., p. 11.

simultaneamente "agrupamento visível e comunidade espiritual",[6] caminha juntamente com toda a humanidade, participa da mesma sorte terrena do mundo e é como que o fermento e a alma da sociedade humana,[7] a qual deve ser renovada em Cristo e transformada em família de Deus.

Esta compenetração da cidade terrena com a celeste só pela fé se pode perceber; mais, ela permanece o mistério da história humana, sempre perturbada pelo pecado, enquanto não chega a plena manifestação da glória dos filhos de Deus. Procurando o seu fim salvífico próprio, a Igreja não se limita a comunicar ao homem a vida divina; espalha sobre todo o mundo os reflexos da sua luz, sobretudo enquanto cura e eleva a dignidade da pessoa humana, consolida a coesão da sociedade e dá um sentido mais profundo à cotidiana atividade dos homens. A Igreja pensa, assim, que por meio de cada um dos seus membros e por toda a sua comunidade, muito pode ajudar para tornar mais humana a família dos homens e a sua história.

Além disso, a Igreja Católica aprecia grandemente a contribuição que as outras Igrejas cristãs ou comunidades eclesiásticas deram e continuam a dar para o mesmo fim. E está também firmemente persuadida de que pode receber muita ajuda, de vários modos, do mundo, pelas qualidades e ação dos indivíduos e das sociedades. Expõem-se, a seguir, alguns princípios gerais para promover convenientemente o intercâmbio e ajuda recíproca entre a Igreja e o mundo, nos domínios que são de algum modo comuns a ambos.

---

[6] Ibid., cap. I, n. 8: AAS (1965), p. 11.

[7] Cf. Ibid., cap. IV, n. 38: AAS 57 (1965). p. 43, com a nota 120.

41. O homem atual está a caminho de um desenvolvimento mais pleno da personalidade e uma maior descoberta e afirmação dos próprios direitos. Tendo a Igreja, por sua parte, a missão de manifestar o mistério de Deus, último fim do homem, ela descobre ao mesmo tempo ao homem o sentido da sua existência, a verdade profunda acerca dele mesmo. A Igreja sabe muito bem que só Deus, a quem serve, pode responder às aspirações mais profundas do coração humano, que nunca plenamente se satisfaz com os alimentos terrestres. Sabe também que o homem, solicitado pelo Espírito de Deus, nunca será totalmente indiferente ao problema religioso, como o comfirmam não só a experiência dos tempos passados, mas também inúmeros testemunhos do presente. Com efeito, o homem sempre desejará saber, ao menos confusamente, qual é o significado da sua vida, da sua atividade e da sua morte. E a própria presença da Igreja lhe traz à mente estes problemas. Mas só Deus, que criou o homem à sua imagem e o remiu, dá plena resposta a estas perguntas, pela revelação em Cristo, seu filho, feito homem. Todo aquele que segue Cristo, o homem perfeito, torna-se mais homem.

Apoiada nesta fé, a Igreja pode subtrair a dignidade da natureza humana a quaisquer mudanças de opiniões, por exemplo, as que rebaixam exageradamente o corpo humano ou, pelo contrário, o exaltam sem medida. Nenhuma lei humana pode salvaguardar tão perfeitamente a dignidade e liberdade pessoal do homem como o Evangelho de Cristo, confiado à Igreja. Pois este Evangelho anuncia e proclama a liberdade dos filhos de Deus; rejeita toda espécie de servidão, a qual tem a sua última origem no pecado;[8] respeita escrupulosamente a dignidade da consciência e a sua livre

---

[8] Rm 8,14-17.

decisão; sem descanso recorda que todos os talentos humanos devem redundar em serviço de Deus e bem dos homens; e a todos recomenda, finalmente, a caridade.[9] É o que corresponde à lei fundamental da realidade cristã. Porque, embora o mesmo Deus seja Criador e Salvador, Senhor da história humana e da história da salvação, todavia, segundo a ordenação divina, a justa autonomia das criaturas e sobretudo do homem, não só não é eliminada mas antes é restituída à sua dignidade e nela confirmada.

Por isso, a Igreja em virtude do Evangelho que lhe foi confiado, proclama os direitos do homem e reconhece e tem em grande apreço o dinamismo do nosso tempo, que por toda a parte promove tais direitos. Este movimento, porém, deve ser penetrado pelo espírito do Evangelho, e defendido de qualquer espécie de falsa autonomia. Pois estamos sujeitos à tentação de julgar que os nossos direitos pessoais só são plenamente assegurados quando nos libertamos de toda a norma da Lei divina. Enquanto que, por este caminho, a dignidade da pessoa humana, em vez de se salvar, perde-se.

42. A unidade da família humana recebe um grande reforço e encontra o seu acabamento na unidade da família dos filhos de Deus.[10]

Certamente, a missão própria confiada por Cristo à sua Igreja, não é de ordem política, econômica ou social: o fim que lhe propôs é, com efeito, de ordem

---

[9] Cf. Mt 22,39.
[10] Const. dogm. *Lumen Gentium*, cap. II, n. 9; AAS 57 (1965), p. 12-14.

religiosa.[11] Mas desta mesma missão religiosa deriva um encargo, uma luz e uma energia que podem servir para o estabelecimento e consolidação da comunidade humana segundo a lei divina. E também, quando for necessário, tendo em conta as circunstâncias de tempos e lugares, pode ela própria, e até deve, suscitar obras destinadas ao serviço de todos, sobretudo dos pobres, tais como obras caritativas e outras semelhantes.

A Igreja reconhece, além disso, tudo o que há de bom no dinamismo social hodierno; sobretudo o movimento para a unidade, o progresso duma sã socialização e associação civil e econômica. Promover a unidade é, efetivamente, algo que se harmoniza com a missão essencial da Igreja, pois ela é, "em Cristo, como que o sacramento ou sinal e o instrumento da íntima união com Deus e da unidade de todo o gênero humano".[12] Ela própria manifesta assim ao mundo que a verdadeira união social externa flui da união dos espíritos e corações, daquela fé e caridade em que indissoluvelmente se funda, no Espírito Santo, a sua própria unidade. Porque a energia que a Igreja pode insuflar à sociedade atual consiste nessa fé e caridade efetivamente vivida e não em qualquer domínio externo, atuado com meios puramente humanos.

[11] Cf. Pio XII, *Alocução aos cultores de história e de arte*, 9 março 1956: AAS 48 (1956), p. 212: "O seu divino Redentor, Jesus Cristo, não lhe deu nenhum mandato nem fixou nenhum fim de ordem cultural. O fim que Cristo lhe assinala é estritamente religioso (...) A Igreja deve conduzir os homens a Deus, para que eles se lhe entreguem sem reservas (...) A Igreja jamais poderá perder de vista este fim estritamente religioso, sobrenatural. O sentido de todas as suas atividades, até ao último cânon de seu Direito, não pode ser outro senão concorrer para isso direta ou indiretamente".

[12] Const. dogm. *Lumem gentium*, cap. I, n. 1: AAS 57 (1965), p. 5.

Além disso, dado que a Igreja não está ligada, por força da sua missão e natureza, a nenhuma forma particular de cultura ou sistema político, econômico ou social, pode, graças a esta sua universalidade, constituir um laço muito estreito entre as diversas comunidades e nações, contanto que nela confiem e lhe reconheçam a verdadeira liberdade para cumprir esta sua missão. Por esta razão, a Igreja recomenda a todos os seus filhos, e também a todos os homens, que superem com este espírito de família, próprio dos filhos de Deus, todos os conflitos entre nações e raças, e consolidem internamente as legítimas associações humanas.

O Concílio considera com muito respeito o que há de bom, verdadeiro e justo nas instituições tão diversas que o gênero humano criou e sem cessar continua a criar. E a Igreja declara querer ajudar e promover todas essas instituições, na medida em que isso dela dependa e seja compatível com a sua própria missão. Ela nada deseja mais ardentemente do que, servindo o bem de todos, poder desenvolver-se livremente sob qualquer regime que reconheça os direitos fundamentais da pessoa e da família e os imperativos do bem comum.

43. O Concílio exorta os cristãos, cidadãos de ambas as cidades, a que procurem cumprir fielmente os seus deveres terrenos, guiados pelo espírito do Evangelho. Afastam-se da verdade os que, sabendo que não temos aqui na terra uma cidade permanente mas que vamos em demanda da futura,[13] pensam que podem por isso descuidar os seus deveres terrenos, sem atenderem a que a própria fé ainda os obriga mais a cumpri-los, segundo a vocação própria de cada um.[14] Mas não

[13] Cf. Hb 13,14.
[14] Cf. 2Ts 3,6-13; 4,28.

menos erram os que, pelo contrário, opinam poder entregar-se às ocupações terrenas, como se estas fossem inteiramente alheias à vida religiosa, a qual pensam consistir apenas no cumprimento dos atos de culto e de certos deveres morais. Este divórcio entre a fé que professam e o comportamento quotidiano de muitos deve ser contado entre os mais graves erros do nosso tempo. Já no Antigo Testamento os Profetas denunciam este escândalo;[15] no novo, Cristo ameaçou-o ainda mais veementemente com graves castigos.[16] Não se oponham, pois, infundadamente, as atividades profissionais e sociais, por um lado, e a vida religiosa por outro. O cristão que descuida os seus deveres temporais, falta aos seus deveres para com o próximo e até para com o próprio Deus, e põe em risco a sua salvação eterna. A exemplo de Cristo que exerceu um mister de operário, alegram-se antes os cristãos por poderem exercer todas as suas atividades terrenas unindo numa síntese vital todos os seus esforços humanos, domésticos, profissionais, científicos ou técnicos com os valores religiosos, subordinado aos quais tudo se ordena para a glória de Deus.

As tarefas e atividades seculares competem como próprias, embora não exclusivamente, aos leigos. Por esta razão, sempre que, sós ou associados, atuam como cidadãos do mundo, não só devem respeitar as leis próprias de cada domínio, mas procurarão alcançar neles uma real competência. Cooperarão de boa vontade com os homens que prosseguem os mesmos fins. Reconhecendo quais são as exigências da fé, e por ela robustecidos, não hesitem quando for oportuno, em idear novas iniciativas e levá-las à realização. Compete à sua consciência, previamente bem formada, imprimir a lei divina na vida

---

[15] Cf. Is 58,1-12.
[16] Cf. Mt 23,3-23; Mc 7,10-13.

da cidade terrestre. Dos sacerdotes, esperam os leigos a luz e força espiritual. Mas não pensem que os seus pastores estão sempre de tal modo preparados que tenham uma solução pronta, para qualquer questão, mesmo grave, que surja, ou que tal é a sua missão. Antes, esclarecidos pela sabedoria cristã, e atendendo à doutrina do magistério,[17] tomem por si mesmos as próprias responsabilidades.

Muitas vezes, a concepção cristã da vida, incliná-los-á para determinada solução, em certas circunstâncias concretas. Outros fiéis, porém, com não menos sinceridade, pensarão diferentemente acerca do mesmo assunto, como tantas vezes acontece, e legitimamente. Embora as soluções propostas por uma e outra parte, mesmo independentemente da sua intenção, sejam por muitos facilmente vinculadas à mensagem evangélica, devem, no entanto, lembrar-se de que a ninguém é permitido, em tais casos, invocar exclusivamente em favor da própria opinião a autoridade da Igreja. Mas procurem sempre esclarecer-se mutuamente, num diálogo sincero, salvaguardando a caridade recíproca e atentos, antes de mais, ao bem comum.

Os leigos, que devem tomar parte ativa em toda a vida da Igreja, não devem apenas impregnar o mundo com o espírito cristão, mas são também chamados a serem testemunhas de Cristo, em todas as circunstâncias, no seio da comunidade humana.

Quanto aos bispos, a quem está confiado o encargo de governar a Igreja de Deus, preguem juntamente com os seus sacerdotes a mensagem de Cristo, de tal maneira que todas as atividades terrenas dos fiéis sejam penetradas pela luz do Evangelho. Lembrem-se, além disso,

---

[17] Cf. João XXIII, Enc. *Mater et Magistra*, IV: AAS 53 (1961), p. 456-457; Cf. I: AAS, 1, c., p. 407, 410-411.

os pastores, que, com o seu comportamento e solicitude quotidianos,[18] manifestam ao mundo a face da Igreja com base na qual os homens julgam da força e da verdade da mensagem cristã. Com a sua vida e palavras, juntos com os religiosos e os seus fiéis, mostrem que a Igreja, com todos os dons que contém em si, é só pela sua simples presença uma fonte inexaurível daquelas virtudes de que tanto necessita o mundo de hoje. Por meio de assíduo estudo, tornem-se capazes de tomar parte do diálogo com o mundo e com os homens de qualquer opinião. Mas sobretudo, tenham no seu coração as palavras deste Concílio: "Dado que o gênero humano caminha hoje cada vez mais para a unidade civil, econômica e social, tanto mais necessário é que os sacerdotes em conjunto e sob a direção dos bispos e do Sumo Pontífice, evitem todo o motivo de divisão, para que a humanidade inteira seja conduzida à unidade da família de Deus".[19]

Ainda que a Igreja, pela virtude do Espírito Santo, se tenha mantido esposa fiel do seu Senhor e nunca tenha deixado de ser um sinal de salvação no mundo, no entanto, ela não ignora que entre os seus membros,[20] clérigos ou leigos, não faltaram, no decurso de tantos séculos, alguns que foram infiéis ao Espírito de Deus. E também nos nossos dias, a Igreja não deixa de ver quanta distância separa a mensagem por ela proclamada e a humana fraqueza daqueles a quem foi confiado o Evangelho. Seja qual for o juízo da história acerca destas deficiências, devemos delas ter consciência e combatê-las com vigor, para que não sejam obstáculo à difusão

---

[18] Cf. Const. dogm. *Lumen gentium*, cap. III. n. 28: AAS 57 (1965), p. 35.

[19] Ibid. n. 28: AAS, 1. c., p. 35-36.

[20] Cf. S. Ambrósio, *De virginitate*, cap. VIII, n. 48: PL 16, 278.

do Evangelho. Também sabe a Igreja quanto deve aprender com a experiência dos séculos, no que se refere ao desenvolvimento das suas relações com o mundo. Conduzida pelo Espírito Santo, a Igreja Mãe "exorta sem cessar os seus filhos a que se purifiquem e renovem, para que o sinal de Cristo brilhe mais claramente no rosto da Igreja".[21]

44. Do mesmo modo que é do interesse do mundo que ele reconheça a Igreja como realidade social da história e seu fermento, assim também a Igreja, por sua vez, não ignora quanto recebeu da história e evolução do gênero humano.

A experiência dos séculos passados, os progressos científicos, os tesouros encerrados nas várias formas de cultura humana, os quais manifestam mais plenamente a natureza do homem e abrem novos caminhos para a verdade, aproveitam igualmente à Igreja. Ela aprendeu, desde os começos da sua história, a formular a mensagem de Cristo por meio dos conceitos e línguas dos diversos povos, e procurou ilustrá-la com o saber filosófico. Tudo isto com o fim de adaptar o Evangelho à capacidade de compreensão de todos e às exigências dos sábios. Esta maneira adaptada de pregar a palavra revelada deve permanecer a lei de toda a evangelização. Deste modo, com efeito, suscita-se em cada nação a possibilidade de exprimir a mensagem de Cristo segundo a sua maneira própria, ao mesmo tempo que se fomenta um intercâmbio vivo entre a Igreja e as diversas culturas dos diferentes povos.[22] Para aumentar este intercâmbio, necessita especialmente a Igreja — sobretudo

[21] Cf. Const. dogm. *Lumen gentium,* cap. II, n. 15: AAS 57 (1965), p. 20.
[22] Cf. Const. dogm. *Lumen gentium,* cap. II, n. 13: AAS 57 (1965), p. 17.

hoje, em que tudo muda tão rapidamente e os modos de pensar variam tanto — daqueles crentes ou não — crentes que, vivendo no mundo, conhecem bem o espírito e conteúdo das várias instituições e disciplinas.

É dever de todo o povo de Deus e sobretudo dos pastores e teólogos, com a ajuda do Espírito Santo, saber ouvir, discernir e interpretar as várias linguagens do nosso tempo, e julgá-las à luz da palavra de Deus, de modo que a verdade revelada possa ser cada vez mais intimamente percebida, melhor compreendida e apresentada de um modo mais conveniente.

Como a Igreja tem uma estrutura social visível, sinal da sua unidade em Cristo, pode também ser enriquecida, e de fato o é, com a evolução da vida social. Não porque falte algo na constituição que Cristo lhe deu, mas para mais profundamente a conhecer e melhor a exprimir e para a adaptar mais convenientemente aos nossos tempos. Ela verifica com gratidão que, tanto no seu conjunto como em cada um dos seus filhos, recebe variadas ajudas dos homens de toda a classe e condições. Na realidade, todos os que de acordo com a vontade de Deus promovem a comunidade humana no plano familiar, cultural, da vida econômica e social e também política, seja nacional ou internacional, prestam não pequena ajuda à comunidade eclesial, na medida em que esta depende das realidades exteriores. Mais ainda, a Igreja reconhece que muito aproveitou e pode aproveitar da própria oposição daqueles que a hostilizam e perseguem.[23]

[23] Cf. Justino, *Dialogus cum Thryphone,* cap. 110: PG 6,729 (ed. Otto), 1897, p. 391-393: "...sed quanto magis talia nobis infliguntur, tanto plures alii fideles et pii per nomen Jesu fiunt". Cf. Tertuliano, *Apologoticus,* cap. I 13: Corpus Christi ser lat. I, p. 171: "Etiam plures efficimur, totiens metimur a vobis: semen est sanguis christianorum". Cf. Const. dogm. *Lumen gentium,* cap. II, n. 9: AAS 57 (1965), p. 14.

45. Ao ajudar o mundo e recebendo dele ao mesmo tempo muitas coisas, o único fim da Igreja é o advento do reino de Deus e o estabelecimento da salvação de todo gênero humano. E todo o bem que o povo de Deus pode prestar à família dos homens durante o tempo de sua peregrinação deriva do fato que a Igreja é "o sacramento universal da salvação",[24] manifestando e atuando simultaneamente o mistério do amor de Deus pelos homens.

Com efeito, o próprio Verbo de Deus, por quem tudo foi feito, fez-se homem, para, homem perfeito, a todos salvar e tudo recapitular. O Senhor é o fim da história humana, o ponto para onde tendem as aspirações da história e da civilização, o centro do gênero humano, a alegria de todos os corações e a plenitude das suas aspirações.[25] Foi ele que o Pai ressuscitou dos mortos, exaltou e colocou à sua direita, estabelecendo-o juiz dos vivos e dos mortos. Vivificados e reunidos no seu Espírito, caminhamos em direção à consumação da história humana, a qual corresponde plenamente ao seu desígnio de amor: "Recapitular todas as coisas em Cristo, tanto as do céu como as da terra" (Ef 1,10).

O próprio Senhor o diz: "Eis que venho em breve, trazendo comigo a minha recompensa, para dar a cada um segundo as suas obras. Eu sou o alfa e o ômega, o primeiro e último, o começo e o fim" (Ap 22,12-13).

---

[24] Cf. Const. dogm. *Lumen gentium,* cap. II, n. 15: AAS 57 (1965), p. 20.

[25] Cf. Paulo VI, *Alocução* 3 fevereiro, 1965.

SEGUNDA PARTE

ALGUNS PROBLEMAS MAIS URGENTES

46. Depois de ter exposto a dignidade da pessoa humana, bem como a missão individual e social que está chamada a realizar no mundo, o Concílio dirige agora a atenção de todos, à luz do Evangelho e da experiência humana, para algumas necessidades mais urgentes do nosso tempo, que profundamente afetam a humanidade.

Entre as muitas questões que hoje a todos preocupam, importa revelar particularmente as seguintes: o matrimônio e a família, a cultura humana, a vida econômico-social e política, a comunidade internacional e a paz. Sobre cada uma delas devem resplandecer os princípios e as luzes que provêm de Cristo e que dirigirão os cristãos e iluminarão todos os homens na busca da solução para tantos e tão complexos problemas.

CAPÍTULO I

A PROMOÇÃO DA DIGNIDADE DO MATRIMÔNIO E DA FAMÍLIA

47. O bem-estar da pessoa e da sociedade humana e cristã está intimamente ligado com uma favorável situação da comunidade conjugal e familiar. Por esse motivo, os cristãos, juntamente com todos os que têm em grande estima esta comunidade, alegram-se sinceramente com os vários fatores que fazem aumentar entre os homens a estima desta comunidade de amor e o respeito pela vida e que auxiliam os cônjuges e pais na sua sublime missão. Esperam daí ainda melhores resultados e esforçam-se por os ampliar.

Porém, a dignidade desta instituição não resplandece em toda a parte com igual brilho. Encontra-se obscurecida pela poligamia, pela epidemia do divórcio, pelo chamado amor-livre e outras deformações. Além disso, o amor conjugal é muitas vezes profanado pelo egoísmo, amor do prazer e por práticas ilícitas contra a geração. E as atuais condições econômicas, sócio-psicológicas e civis introduzem ainda na família não pequenas perturbações. Finalmente, em certas partes do globo verificam-se, com inquietação, os problemas postos pelo aumento demográfico. Com tudo isto, angustiam-se as consciências. Mas o vigor e solidez da instituição matrimonial e familiar também nisto se manifestam: muito freqüentemente, as profundas transformações da sociedade contemporânea, apesar das dificuldades a que dão origem, revelam de diversos modos a verdadeira natureza de tal instituição.

Eis porque o Concílio, esclarecendo alguns pontos da doutrina da Igreja, deseja ilustrar e robustecer os cristãos e todos os homens que se esforçam por proteger e fomentar a nativa dignidade do estado matrimonial e o seu alto e sagrado valor.

48. A íntima comunidade de vida e de amor conjugal, fundada pelo Criador e dotada de leis próprias, é instituída por meio do contrato matrimonial, ou seja com o irrevogável consentimento pessoal. Deste modo, por meio do ato humano com o qual os cônjuges mutuamente se dão e recebem um ao outro, nasce uma instituição também à face da sociedade, confirmada pela lei divina. Em vista do bem tanto dos esposos e da prole como da sociedade, este sagrado vínculo não está no arbítrio da vontade humana. O próprio Deus é o autor

do matrimônio, o qual possui diversos bens e fins,[1] todos eles da máxima importância, quer para a propagação do gênero humano, quer para o proveito pessoal e sorte eterna de cada um dos membros da família, quer mesmo, finalmente, para a dignidade, estabilidade, paz e prosperidade de toda a família humana. Por sua própria natureza, a instituição matrimonial e o amor conjugal estão ordenados para a procriação e educação da prole, que constituem a sua coroa. O homem e a mulher, que pela aliança conjugal "já não são dois, mas uma só carne" (Mt 19,6), prestam-se recíproca ajuda e serviço com a íntima união das suas pessoas e atividades, tomam consciência da própria unidade e cada vez mais a realizam. Esta união íntima, já que é o dom recíproco de duas pessoas, exige do mesmo modo que o bem dos filhos, a inteira fidelidade dos cônjuges e requer a indissolubilidade da sua união.[2]

Cristo Senhor abençoou copiosamente este amor de múltiplos aspectos nascidos da fonte divina da caridade e constituído à imagem da sua própria união com a Igreja. E assim como outrora Deus veio ao encontro do seu povo com uma aliança de amor e fidelidade,[3] assim agora o Salvador dos homens e Esposo da Igreja[4] vem ao encontro dos esposos cristãos com o sacramento do matrimônio. E permanece com eles, para que, assim como ele amou a Igreja e se entregou por ela,[5] de

[1] Cf. S. Agostinho, *De bono coniugii:* PL 40, 375-376 e 394. Santo Tomás, *Summa Theol.,* Suppl. Quaest. 49, art. 3 ad 1; *Decretum pro Armenis:* Denz.-Schön 1327; Pio XI, Enc. *Casti connubii:* AAS 22 (1930), p. 547-548; Denz.-Schön 3703 3714.

[2] Cf. Pio XI, Enc. *Casti connubii:* AAS 22 (1930), p. 546-547; Denz.-Schön. 3706.

[3] Cf. Os 2; Jr 3,6-13; Ez 16 e 23; Is 54.

[4] Cf. Mt 9,15; Mc 2,19-20; Lc 5,34-35; Jo 3,29; Cf. também 2Cor 11,2; Ef 5,27; Ap 19,7-8; 21, 2 e 9.

[5] Cf. Ef 5,25.

igual modo os cônjuges, dando-se um ao outro, se amem com perpétua fidelidade. O autêntico amor conjugal é assumido no amor divino, e dirigido e enriquecido pela força redentora de Cristo e pela ação salvadora da Igreja; para que, assim, os esposos caminhem eficazmente para Deus e sejam ajudados e fortalecidos na sua missão sublime de pai e mãe.[6] Por este motivo, os esposos cristãos são fortalecidos e como que consagrados em ordem aos deveres do seu estado por meio de um sacramento especial;[7] cumprindo, com a sua força, a própria missão conjugal e familiar, penetrados do espírito de Cristo que impregna toda a sua vida de fé, esperança e caridade, avançam sempre mais na própria perfeição e mútua santificação e cooperam assim juntos para a glória de Deus.

Precedidos assim pelo exemplo e oração familiar dos pais, tanto os filhos como todos os que vivem no círculo familiar encontrarão mais facilmente o caminho duma existência humana, da salvação e da santidade. Quanto aos esposos, revestidos com a dignidade e o encargo da paternidade e maternidade, cumprirão diligentemente o seu dever de educação, sobretudo religiosa, que a eles, cabe em primeiro lugar.

Os filhos, como membros vivos da família, contribuem a seu modo para santificação dos pais. Corresponderão, com a sua gratidão, piedade filial e confiança aos benefícios recebidos dos pais e assisti-los-ão, como bons filhos, nas dificuldades e na solidão da velhice. A viuvez, corajosamente assumida na seqüência da vocação conjugal, por todos deve ser respeitada.[8] Cada

---

[6] Cf. Conc. Vat. II, Const. dogm. *Lumen gentium:* AAS 57 (1965), p. 15-16; 40-41; 77

[7] Pio XI, Enc. *Casti connubii:* AAS 22 (1930), p. 583.

[8] Cf. 1Tm 5,3.

família comunicará generosamente com as outras as próprias riquezas espirituais. Por isso, a família cristã, nascida de um matrimônio que é imagem e participação da aliança de amor entre Cristo e a Igreja,[9] manifestará a todos a presença viva do Salvador do mundo e a autêntica natureza da Igreja, quer por meio do amor dos esposos, quer pela sua generosa fecundidade, unidade e fidelidade, quer pela amável cooperação de todos os seus membros.

49. A palavra de Deus convida repetidas vezes os noivos a alimentar e robustecer o seu noivado com um amor casto, e os esposos a sua união com um amor indiviso.[10] E também muitos dos nossos contemporâneos têm em grande apreço o verdadeiro amor entre marido e mulher, manifestado de diversas maneiras, de acordo com os honestos costumes dos povos e dos tempos. Esse amor, dado que é eminentemente humano — pois vai de pessoa a pessoa com um afeto voluntário — compreende o bem de toda a pessoa e, por conseguinte, pode conferir especial dignidade às manifestações do corpo e do espírito, enobrecendo-as como elementos e sinais peculiares do amor conjugal. E o Senhor dignou-se sanar, aperfeiçoar e elevar este amor com um dom especial de graça e caridade. Unindo o humano e o divino, esse amor leva os esposos ao livre e recíproco dom de si mesmos, que se manifesta com a ternura do afeto e com as obras e penetra toda a sua vida;[11] e aperfeiçoa-se e aumenta pela sua própria generosa atuação. Ele transcen-

---

[9] Cf. Ef 5,32.
[10] Cf. Gn 2,22-24; Pr 5,15-20; 31,10-31; Tb 8,4-8; Ct 1,2-3; 4,16; 5,1; 7,8-14; 1Cor 7,3-6; Ef 5,25-33.
[11] Cf. Pio XI, Enc. *Casti connubii:* AAS 22 (1930), p. 547-548; Denz.- Schön, 3707.

de, por isso, imensamente a mera inclinação erótica, a qual, fomentada egoisticamente, rápida e miseravelmente se desvanece.

Este amor tem a sua expressão e realização peculiar no ato próprio do matrimônio. São, portanto, honestos e dignos os atos pelos quais os esposos se unem em intimidade e pureza; realizados de modo autenticamente humano, exprimem e alimentam a mútua entrega pela qual se enriquecem um ao outro na alegria e gratidão. Esse amor, ratificado pela promessa de ambos e, sobretudo, sancionado pelo sacramento de Cristo, é indissoluvelmente fiel, de corpo e de espírito, na prosperidade e na adversidade; exclui, por isso, toda e qualquer espécie de adultério e divórcio. A unidade do matrimônio, confirmada pelo Senhor, manifesta-se também claramente na igual dignidade da mulher e do homem que se deve reconhecer no mútuo e pleno amor. Mas, para cumprir com perseverança os deveres desta vocação cristã, requer-se uma virtude notável; por este motivo, hão de os esposos, fortalecidos pela graça para levarem uma vida de santidade, cultivar assiduamente e impetrar com a oração a fortaleza do próprio amor, a magnanimidade e o espírito de sacrifício.

O autêntico amor conjugal será mais apreciado, e formar-se-á a seu respeito uma sã opinião pública, se os esposos cristãos derem um testemunho eminente de fidelidade e harmonia e de solicitude na educação dos filhos e se participarem na necessária renovação cultural, psicológica e social em favor do casamento e da família. Os jovens devem ser conveniente e oportunamente instruídos, sobretudo no seio da própria família, acerca da dignidade, missão e exercício do amor conjugal. Deste modo, educados na castidade, poderão, chegada a idade conveniente, entrar no casamento depois dum noivado puro.

50. O matrimônio e o amor conjugal destinam-se por sua própria natureza à geração e educação da prole. Os filhos são, sem dúvida, o maior dom do matrimônio e contribuem muito para o bem dos próprios pais. O mesmo Deus que disse, "não é bom que o homem esteja só" (Gn 2,18) e que "desde a origem fez o homem varão e mulher" (Mt 19,4), querendo comunicar-lhe uma participação especial na sua obra criadora, abençoou o homem e a mulher dizendo: "Sede fecundos e multiplicai-vos" (Gn 1,28). Por isso, o autêntico fomento do amor conjugal, e toda a vida familiar que dele nasce, sem pôr de lado os outros fins do matrimônio, tendem a que os esposos, com fortaleza de ânimo, estejam dispostos a colaborar com o amor do Criador e Salvador, que por meio deles aumenta cada dia mais e enriquece a sua família.

Os esposos sabem que no dever de transmitir e educar a vida humana — dever que deve ser considerado como a missão específica — eles são os cooperadores do amor de Deus Criador e como que os seus intérpretes. Desempenhar-se-ão, portanto, desta missão com a sua responsabilidade humana e cristã; com um respeito cheio de docilidade para com Deus, de comum acordo e com esforço comum, formarão retamente a própria consciência, tendo em conta o seu bem próprio e o dos filhos já nascidos ou que prevêem virão a nascer, sabendo ver as condições de tempo e da própria situação e tendo, finalmente, em consideração o bem da comunidade familiar, da sociedade temporal e da própria Igreja. São os próprios esposos que, em última instância, devem diante de Deus, tomar esta decisão. Mas, no seu modo de proceder, tenham os esposos consciência de que não podem proceder arbitrariamente, mas que sempre se devem guiar pela consciência, fiel à lei divina, e ser dóceis ao magistério da Igreja, que autenticamente a interpreta à luz do Evangelho. Essa lei divina manifesta a plena significação do amor conjugal, protege-o e estimula-o para a sua perfeição autenticamente humana. Assim, os esposos cristãos, confiados na divina providência e cultivando o espírito de sacrifício,[12] dão glória ao Criador e caminham para a perfeição em Cristo quando se desempenham do seu dever de procriar com responsabilidade generosa, humana e cristã. Entre os esposos que deste modo satisfazem à missão que Deus lhes confiou, devem ser especialmente lembrados aqueles que, de comum acordo e com prudência, aceitam com grandeza de ânimo educar uma prole numerosa.[13]

No entanto, o matrimônio não foi instituído só em ordem à procriação da prole. A própria natureza da aliança indissolúvel entre pessoas e o bem da prole exigem que o mútuo amor dos esposos se exprima convenientemente, aumente e chegue à maturidade. E por isso, mesmo que faltem os filhos, tantas vezes ardentemente desejados, o matrimônio conserva o seu valor e indissolubilidade, como comunidade e comunhão de toda a vida.

51. O Concílio não ignora que os esposos, na sua vontade de conduzir harmonicamente a própria vida conjugal, encontram freqüentes dificuldades em certas circunstâncias da vida atual; que se podem encontrar em situações em que, pelo menos temporariamente, não podem aumentar o número de filhos e em que só com dificuldade se mantém a fidelidade do amor e a plena comunidade de vida. Mas quando se suspende a intimidade da vida conjugal, não raro se pode pôr em risco a fidelidade e comprometer o bem da prole; porque,

[12] Cf. 1Cor 7,5.
[13] Cf. Pio XII, *Alocução* 20 janeiro, 1958: AAS 50 (1958), p. 91.

nesse caso, ficam ameaçadas tanto a educação dos filhos como a coragem necessária para ter mais filhos.

Não falta quem se atreva a dar soluções imorais a estes problemas, sem recuar sequer perante o homicídio. Mas a Igreja recorda que não pode haver verdadeira incompatibilidade entre as leis divinas que regem a transmissão da vida e o desenvolvimento do autêntico amor conjugal.

Com efeito, Deus, Senhor da vida, confiou aos homens, para que estes desempenhassem dum modo digno dos mesmos homens, o nobre encargo de conservar a vida. Esta deve, pois, ser salvaguarda, com extrema solicitude, desde o primeiro momento da concepção; o aborto e o infanticídio são crimes abomináveis. Quanto à sexualidade humana e ao poder gerador do homem, eles superam de modo admirável o que se encontra nos graus inferiores da vida; daqui se segue que os mesmos atos específicos da vida conjugal, realizados segundo a autêntica dignidade humana, devem ser objeto de grande respeito. Quando se trata, portanto, de conciliar o amor conjugal com a transmissão responsável da vida, a moralidade do comportamento não depende apenas da sinceridade da intenção e da apreciação dos motivos; deve também determinar-se por critérios objetivos, tomados da natureza da pessoa e dos seus atos; critérios que respeitem, num contexto de autêntico amor, o sentido da mútua doação e de procriação humana. Tudo isto só é possível se se cultivar sinceramente a virtude da castidade conjugal. Segundo estes princípios, não é lícito aos filhos da Igreja adotar, na regulação dos nascimentos, caminhos que o magistério, explicitando a lei divina, reprova.[14]

---

[14] Cf. Pio XI, Enc. *Casti connubii:* AAS 22 (1930), p. 559-561: Denz.-Schön. 3716-3718; Pio XII, *Alocução ao con-*

Todos, finalmente, tenham bem presente que a vida humana, e a missão de a transmitir não se limitam a este mundo, nem podem ser medidas ou compreendidas unicamente em função dele, mas que estão sempre relacionadas com o eterno destino do homem.

52. A família é como que uma escola de valorização humana. Para que esteja em condições de alcançar a plenitude da sua vida e missão, exige, porém, a benévola comunhão de almas e comum acordo dos esposos, e a diligente cooperação dos pais na educação dos filhos. A presença ativa do pai contribui poderosamente para a formação destes; mas é preciso assegurar também a assistência ao lar por parte da mãe, da qual os filhos, sobretudo os menores, têm tanta necessidade; sem descurar, aliás, a legítima promoção social da mulher. Os filhos sejam educados de modo a serem capazes, ao chegarem a idade adulta, de seguir com inteira responsabilidade a sua vocação, incluindo a sagrada, e escolher um estado de vida; e, se casarem, a poderem constituir uma família própria em condições morais, sociais e econômicas favoráveis. Compete aos pais ou tutores guiar os jovens na constituição da família com prudentes conselhos que eles devem ouvir de bom grado; mas evitem cuidadosamente forçá-los, direta ou indiretamente, a casar-se ou a escolher o cônjuge.

gresso da união Italiana de parteiras, 29 outubro, 1951: AAS 43 (1951), p. 835-854; Paulo VI, *Alocução ao Sacro colégio,* 23 junho, 1964: AAS 56 (1964), p. 581-589. Certas questões, que requerem outras investigações mais aprofundadas, foram confiadas, por mandado do Sumo Pontífice, a uma comissão para o estudo da população da família e da natalidade; uma vez terminados os seus trabalhos, o sumo Pontífice pronunciará o seu juízo. No atual estado da doutrina do Magistério, o sagrado Concílio não pretende propor imediatamente soluções concretas.

A família — na qual se congregam as diferentes gerações que reciprocamente se ajudam a alcançar uma sabedoria mais plena e a conciliar os direitos pessoais com as outras exigências da vida social — constitui assim o fundamento da sociedade. E por esta razão, todos aqueles que têm alguma influência nas comunidades e grupos sociais, devem contribuir eficazmente para a promoção do matrimônio e da família. A autoridade civil deve considerar como um dever sagrado reconhecer a sua verdadeira natureza, protegê-los e favorecê-los; assegurar a moralidade pública e favorecer a prosperidade doméstica. Deve salvaguardar-se o direito de os pais gerarem e educarem os filhos no seio da família. Protejam-se também e ajudem-se convenientemente, por meio duma previdente legislação e com iniciativas várias, aqueles que por infelicidade estão privados do benefício duma família.

Os cristãos, resgatando o tempo presente,[15] e distinguindo o que é eterno das formas passageiras, promovam com empenho o bem do matrimônio e da família, com o testemunho da própria vida e cooperando com os homens de boa vontade; deste modo, superando as dificuldades, proverão às necessidades e vantagens da família, de acordo com os novos tempos. Para alcançar este fim, muito ajudarão o sentir cristão dos fiéis, a retidão da consciência moral dos homens, bem como o saber e competência dos que se dedicam às ciências sagradas.

Os cientistas, particularmente os especialistas nas ciências biológicas, médicas, sociais e psicológicas, podem prestar um grande serviço para o bem do matrimônio e da família se, juntando os seus esforços, procurarem esclarecer mais perfeitamente as condições duma honesta regulação da procriação humana.

---

[15] Cf. Ef 5,16; Cl 4,5.

Cabe aos sacerdotes, devidamente informados acerca das realidades familiares, auxiliar a vocação dos esposos na sua vida conjugal e familiar por vários meios pastorais, com a pregação da palavra de Deus, o culto litúrgico e outras ajudas espirituais; devem ainda fortalecê-los, com bondade e paciência, nas suas dificuldades e reconfortá-los com caridade, para que assim se formem famílias verdadeiramente irradiantes.

As diferentes obras, sobretudo as associações de famílias, procurem fortalecer com a doutrina e a ação, os jovens e os esposos, especialmente os casados de há pouco e formá-los para a vida familiar, social e apostólica.

Finalmente, os próprios esposos, feitos à imagem de Deus e estabelecidos numa ordem verdadeiramente pessoal, estejam unidos em comunhão de afeto e de pensamento e com mútua santidade[16] de modo que, seguindo a Cristo, princípio de vida,[17] se tornem, pela fidelidade do seu amor, através das alegrias e sacrifícios da sua vocação, testemunhas daquele mistério de amor que Deus revelou ao mundo com a sua morte e ressurreição.[18]

---

[16] Cf. *Sacramentarium Gregorianum:* PL 78,262.
[17] Cf. Rm 5,15 e 18; 6,5-11; Gl 2,20.
[18] Cf. Ef 5,25-27.

CAPÍTULO II

A CONVENIENTE PROMOÇÃO DO PROGRESSO CULTURAL

53. É próprio da pessoa humana necessitar da cultura, isto é, de desenvolver os bens e valores da natureza, para chegar a uma autêntica e plena realização. Por isso, sempre que se trata da vida humana, natureza e cultura, encontram-se intimamente ligados.

A palavra "cultura" indica, em geral, todas as coisas por meio das quais o homem apura e desenvolve as múltiplas capacidades do seu espírito e do seu corpo; se esforça por dominar, pelo estudo e pelo trabalho, o próprio mundo; torna mais humana, com o progresso dos costumes e das instituições, a vida social, quer na família quer na comunidade civil; e, finalmente, no decorrer do tempo, exprime, comunica aos outros e conserva nas suas obras, para que sejam de proveito a muitos e até à inteira humanidade, as suas grandes experiências espirituais e aspirações.

Daqui se segue que a cultura humana implica necessariamente um aspecto histórico e social e que o termo "cultura" assume freqüentemente um sentido sociológico e etnológico. É neste sentido que se fala da pluralidade das culturas. Com efeito, diferentes modos de usar das coisas, de trabalhar e de se exprimir, de praticar a religião e de formar os costumes, de estabelecer leis e instituições jurídicas, de desenvolver as ciências e as artes e de cultivar a beleza, dão origem a diferentes estilos de vida e diversas escalas de valores. E assim, a partir dos usos tradicionais, se constitui o patrimônio de cada comunidade humana. Define-se também por este modo o meio histórico determinado no qual se integra o homem de qualquer raça ou época, e do qual tira os bens necessários para a promoção da civilização.

Secção 1: Situação da cultura no mundo atual

54. As condições de vida do homem moderno sofreram tão profunda transformação no campo social e cultural, que é lícito falar duma nova era da história humana.[1] Novos caminhos se abrem assim ao progresso e difusão da cultura, preparados pelo imenso avanço das ciências naturais, humanas e sociais, pelo desenvolvimento das técnicas e pelo progresso no aperfeiçoamento e coordenação dos meios de comunicação. Daqui provêm algumas notas características da cultura atual: as chamadas ciências exatas desenvolvem grandemente o sentido crítico; as recentes investigações psicológicas explicam profundamente a atividade humana; as disciplinas históricas contribuem muito para considerar as coisas sob o seu aspecto mutável e evolutivo; as maneiras de viver e os costumes tornam-se cada vez mais uniformes; a industrialização, a urbanização e outras causas que favorecem a vida comunitária criam novas formas de cultura de que resultam novas maneiras de sentir e de agir e de utilizar o tempo livre; o aumento de intercâmbio entre os vários povos e grupos sociais revela mais amplamente a todos e a cada um os tesouros das várias formas de cultura, preparando-se deste modo, progressivamente, um tipo mais universal de cultura humana, a qual tanto mais favorecerá e expressará a unidade do gênero humano, quanto melhor souber respeitar as peculiaridades das diversas culturas.

---

[1] Cf. Introdução, n. 4s.

55. Cresce cada vez mais o número dos homens e mulheres, de qualquer grupo ou nação, que têm consciência de serem os artífices e autores da cultura da própria comunidade. Aumenta também cada dia mais no mundo inteiro o sentido da autonomia e responsabilidade, o qual é de máxima importância para a maturidade espiritual e moral do gênero humano. O que aparece ainda mais claramente, se tivermos diante dos olhos a unificação do mundo e o encargo que nos incumbe de construirmos, na verdade e na justiça, um mundo melhor. Somos assim testemunhas do nascer de um novo humanismo, no qual o homem se define antes de mais pela sua responsabilidade com relação aos seus irmãos e à história.

56. Nestas condições, não é de admirar que o homem, sentindo a responsabilidade que tem na promoção da cultura, alimente mais dilatadas esperanças, e ao mesmo tempo encare com inquietação as múltiplas antinomias existentes e que ele tem de resolver:

Que se deve fazer para que os freqüentes contactos entre culturas, que deveriam levar aos diferentes grupos e culturas a um diálogo verdadeiro e fecundo não perturbem a vida das comunidades, ou subvertam a sabedoria dos antigos, ou ponham em perigo o gênio próprio de cada povo?

Como fomentar o dinamismo e expansão da nova cultura, sem deixar perder a fidelidade viva à herança tradicional? Problema que se põe com particular acuidade quando se trata de harmonizar uma cultura nascida dum grande progresso das ciências e da técnica com a que se alimenta dos estudos clássicos das diversas tradições.

Como conciliar a rápida e progressiva especialização das várias disciplinas com a necessidade de construir a sua síntese e ainda de conservar no homem a capacidade de contemplação e admiração que conduz à sabedoria?

Que fazer, para que todos os homens no mundo participem dos bens culturais, uma vez que a cultura das elites se torna cada vez mais elevada e complexa?

De que maneira, enfim, reconhecer como legítima a autonomia que a cultura reclama, sem cair num humanismo meramente terreno ou até hostil à religião?

É preciso que, por entre todas estas antinomias, a cultura humana progrida hoje de tal modo, que desenvolva harmônica e integralmente a pessoa humana e ajude os homens no desempenho das tarefas a que todos, e sobretudo os cristãos, estão chamados, fraternalmente unidos numa única família humana.

*Secção 2: Alguns princípios
para a conveniente promoção da cultura*

57. Os cristãos, peregrinos da cidade celestial, devem buscar e saborear as coisas do alto.[2] Mas, com isso, de modo algum diminui, antes aumenta a importância do seu dever de colaborar com todos os outros homens na edificação dum mundo mais humano. E na verdade o mistério da fé cristã fornece-lhes valiosos estímulos e ajudas para cumprirem mais intensamente essa missão e sobretudo para descobrirem o pleno significado de tal atividade, assinalando assim o lugar privilegiado da cultura na vocação integral do homem.

Quando o homem, usando as suas mãos ou recorrendo à técnica, trabalha a terra para que ela produza frutos e se torne habitação digna para toda a huma-

---

[2] Cf. Cl 3,1-2.

nidade, ou quando participa conscientemente na vida social dos diversos grupos, está a dar realização à vontade que Deus manifestou no começo dos tempos, de que dominasse a terra[3] e completasse a obra da criação, ao mesmo tempo que se vai aperfeiçoando a si mesmo; cumpre igualmente o mandamento de Cristo, de se consagrar ao serviço de seus irmãos.

Além disso, dedicando-se às várias disciplinas da história, filosofia, ciências matemáticas e naturais, e cultivando as artes, pode o homem ajudar muito a família humana a elevar-se a concepções mais sublimes da verdade, do bem e da beleza e a um juízo de valor universal, e ser assim luminosamente esclarecida por aquela admirável Sabedoria, que desde a eternidade estava junto de Deus, dispondo com Ele todas as coisas, e encontrando as suas delícias entre os filhos dos homens.[4]

Pelo mesmo fato, o espírito do homem, mais liberto da escravidão das coisas, pode mais facilmente levantar-se ao culto e contemplação do Criador. Mais ainda, dispõe-se assim, sob o impulso da graça, a reconhecer o Verbo de Deus, o qual antes de se fazer homem para tudo salvar e em si recapitular, já "estava no mundo", como "verdadeira luz que ilumina todo o homem" (Jo 1,9-10).[5]

O progresso hodierno das ciências e das técnicas que, em virtude do seu próprio método, não penetram até às causas últimas das coisas, pode sem dúvida dar azo a certo fenomenismo e agnosticismo, sempre que

[3] Cf. Gn 1,28.
[4] Cf. Pr 8,30-31.
[5] Cf. Santo Irineu, *Adversus Haereses*, III, 11, 8 (ed. Sagnard, p. 200); cf. ibid. 166: p. 290-292; 21, 10-2: p. 370-372; 22, 3: p. 378 etc.

o método de investigação de que usam estas disciplinas se arvora indevidamente em norma suprema de toda a investigação da verdade. É mesmo de temer que o homem, fiando-se demasiadamente nas descobertas atuais, julgue que se basta a si mesmo e já não procure coisas mais altas.

Estas deploráveis manifestações não são, porém, conseqüências necessárias da cultura atual, nem nos devem fazer cair na tentação de desconhecer os seus valores positivos. Tais são, entre outros: o gosto das ciências e a exata objetividade nas investigações científicas; a necessidade de colaborar com os outros nas equipes técnicas; o sentido de solidariedade internacional; a consciência cada vez mais nítida da responsabilidade que os sábios têm de ajudar e até de proteger os homens; a vontade de tornar as condições de vida melhores para todos e especialmente para aqueles que sofrem da privação de responsabilidade ou de pobreza cultural. Tudo isto pode constituir uma certa preparação para a recepção da mensagem evangélica, preparação que pode ser imformada com a caridade divina por aquele que veio para salvar o mundo.

58. Múltiplos laços existem entre a mensagem da salvação e a cultura humana. Deus, com efeito, revelando-se ao seu povo até à plena manifestação de si no Filho encarnado, falou segundo a cultura própria de cada época.

Do mesmo modo a Igreja, vivendo no decurso dos tempos em diversos condicionalismos, empregou os recursos das diversas culturas para fazer chegar a todas as gentes a mensagem de Cristo, para a explicar, investigar e penetrar mais profundamente e para lhe dar melhor expressão na celebração da liturgia e na vida da multiforme comunidade dos fiéis.

Mas, por outro lado, tendo sido enviada aos homens de todos os tempos e lugares, a Igreja não está exclusiva e indissoluvelmente ligada a nenhuma raça ou nação, a nenhum gênero de vida particular ou a um costume qualquer, antigo ou moderno. Aderindo à própria tradição e, ao mesmo tempo, consciente da sua missão universal, é capaz de entrar em comunicação com as diversas formas de cultura, com o que se enriquecem tanto a própria Igreja como essas várias culturas.

O Evangelho de Cristo renova continuamente a vida e cultura do homem decaído e combate e elimina os erros e males nascidos da permanente sedução e ameaça do pecado. Purifica sem cessar e eleva os costumes dos povos. Fecunda como que por dentro, com os tesouros do alto, as qualidades de espírito e os dotes de todos os povos e tempos; fortifica-os, aperfeiçoa-os e restaura-os em Cristo.[6] Deste modo, a Igreja, só com realizar a própria missão,[7] já com isso mesmo estimula e ajuda a civilização, e com a sua atividade, incluindo a liturgia, educa a interior liberdade do homem.

59. Pelas razões aduzidas, a Igreja lembra a todos que a cultura deve orientar-se para a perfeição integral da pessoa humana, para o bem da comunidade e de toda a sociedade. Por isso, é necessário cultivar o espírito de modo a desenvolver-lhe a capacidade de admirar, de intuir, de contemplar, de formar um juízo pessoal e de cultivar o sentido religioso, moral e social.

[6] Cf. Ef 1,10.
[7] Cf. *Palavras de Pio XII ao R. P. M. D. Roland-Goselin:* "É preciso não perder nunca de vista que o objetivo da Igreja é evangelizar e não civilizar. Se ela civiliza, é pela evangelização" *(Semanas sociais Francesas,* Versailles, 1936, p. 461-462).

Pois a cultura, uma vez que deriva imediatamente da natureza racional e social do homem, tem uma constante necessidade de justa liberdade e de legítima autonomia, de agir segundo os seus próprios princípios para se desenvolver. Com razão, pois, exige ser respeitada e goza duma certa inviolabilidade, salvaguardados, evidentemente, os direitos da pessoa e da comunidade, particular ou universal, dentro dos limites do bem comum.

O sagrado Concílio, recordando o que ensinou o Primeiro Concílio do Vaticano, declara que existem "duas ordens de conhecimento" distintas, a da fé e a da razão, e que e Igreja de modo algum proíbe que "as artes e disciplinas humanas usem de princípios e métodos próprios nos seus campos respectivos"; "reconhecendo esta justa liberdade", afirma por isso a legítima autonomia da cultura humana e sobretudo das ciências.[8]

Tudo isto requer também que, salvaguardada a ordem moral e o bem comum, o homem possa investigar livremente a verdade, expor e divulgar a sua opinião e dedicar-se a qualquer arte; isto postula, finalmente, que seja informado com verdade dos acontecimentos públicos.[9]

À autoridade pública não pertence, porém, determinar o caráter próprio das formas de cultura, mas favorecer as condições e medidas necessárias para o desenvolvimento cultural de todos, mesmo das minorias

---

[8] Conc. Vat. I Const. *Dei Filius:* Denz. 1795, 1799 (3015, 3019). Cf. Pio XI, Enc. *Quadragesimo anno:* AAS 23 (1931), p. 1901.

[9] Cf. João XXIII, Enc. *Pacem in terris:* AAS 55 (1963), p. 260.

de alguma nação.[10] Deve, por isso, insistir-se, antes de mais, para que a cultura, desviada do seu fim próprio, não seja obrigada a servir as forças políticas ou econômicas.

Secção 3: Alguns deveres mais urgentes dos cristãos com relação à cultura

60. Dado que hoje há a possibilidade de libertar muitos homens da miséria da ignorância, é dever muito próprio do nosso tempo, principalmente para os cristãos, trabalhar energicamente para que, tanto no campo econômico como no político, no nacional como no internacional, se estabeleçam os princípios fundamentais segundo os quais se reconheça e se atue em toda a parte efetivamente o direito de todos à cultura correspondente à dignidade humana, sem discriminação de raças, sexo, nação, religião ou situação social.

Pelo que a todos se deve suficiente abundância dos bens culturais, sobretudo daqueles que constituem a chamada educação de base, a fim de que muitos por causa do analfabetismo e da privação duma atividade responsável, não se vejam impedidos de contribuir para o bem comum de modo verdadeiramente humano.

Deve tender-se, portanto, para que todos os que são disso capazes tenham a possibilidade de seguir estudos superiores; de modo que subam na sociedade às funções, cargos e serviços correspondentes às próprias aptidões ou à competência que adquiriram.[11] Deste

[10] Cf. João XXIII, Enc. *Pacem in terris:* AAS 55 (1963), p. 283; Pio XII, *Radiomensagem,* 24 dezembro, 1941: AAS 34 (1942), p. 16-17.

[11] Cf. João XXIII, Enc. *Pacem in terris:* AAS 55 (1963), p. 260.

modo, todos os homens e todos os agrupamentos sociais poderão chegar ao pleno desenvolvimento da sua vida cultural, segundo as qualidades e tradições próprias de cada um.

É preciso, além disso, trabalhar muito para que todos tomem consciência, não só do direito à cultura, mas também do dever que têm de se cultivar e de ajudar os outros nesse campo. Existem, com efeito, por vezes, condições de vida e de trabalho que impedem as aspirações culturais dos povos e destroem neles o desejo da cultura. Isto vale especialmente para os camponeses e trabalhadores, aos quais se devem proporcionar condições de trabalho tais que não impeçam mas antes ajudem a sua cultura humana. As mulheres trabalham já em quase todos os setores de atividade; mas convém que possam exercer plenamente a sua participação, segundo a própria índole. Será um dever para todos reconhecer e fomentar a necessária e específica participação das mulheres na vida cultural.

61. É mais difícil hoje do que outrora fazer uma síntese dos vários ramos do saber e das artes. Porque ao mesmo tempo que aumenta a multidão e diversidade dos elementos que constituem a cultura, diminui para cada homem a possibilidade de os compreender e organizar; a figura do "homem universal" desaparece assim cada vez mais. No entanto, cada homem continua a ter o dever de salvaguardar a integridade da pessoa humana, na qual sobressaem os valores da inteligência, da vontade, da consciência e da fraternidade, valores que se fundam em Deus Criador e por Cristo foram admiravelmente curados e elevados.

A família é, prioritariamente, como que a mãe e a fonte desta educação: nela, os filhos, rodeados de amor, aprendem mais facilmente a reta ordem das coisas, enquanto que formas culturais comprovadas vão penetrando como que naturalmente no espírito dos adolescentes, à medida que estes vão crescendo.

Para esta mesma educação existem nas sociedades hodiernas, sobretudo graças à crescente difusão dos livros e aos novos meios de comunicação cultural e social, possibilidades que podem favorecer a universalização da cultura. Com efeito, com a diminuição generalizada do tempo de trabalho, crescem progressivamente para muitos homens as facilidades para tal.

Os tempos livres sejam bem empregados, para descanso do espírito e saúde psíquica e física; com atividades e estudos livremente escolhidos, viagens a outras regiões (turismo), com as quais se educa o espírito e os homens se enriquecem com o conhecimento mútuo; e também com exercícios e manifestações desportivas, que contribuem para manter o equilíbrio psíquico, mesmo na comunidade, e para estabelecer relações fraternas entre os homens de todas as condições e nações, ou de raças diversas. Colaborem, portanto, os cristãos, a fim de que as manifestações e atividades culturais coletivas, características do nosso tempo, sejam penetradas de espírito humano e cristão.

Mas todas estas facilidades não conseguirão levar o homem à educação cultural integral se, ao mesmo tempo, não se tiver o cuidado de investigar o significado profundo da cultura e da ciência para a pessoa humana.

62. Ainda que a Igreja muito tem contribuído para o progresso cultural, mostra, contudo, a experiência que, devido a causas contingentes, a harmonia da cultura com a doutrina cristã nem sempre se realiza sem dificuldades.

Tais dificuldades não são necessariamente danosas para a vida da fé; antes, podem levar o espírito a uma compreensão mais exata e mais profunda da mesma fé. Efetivamente, as recentes investigações e descobertas das ciências, da história e da filosofia, levantam novos problemas, que implicam conseqüências também para a vida e exigem dos teólogos novos estudos. Além disso, os teólogos são convidados a buscar constantemente, de acordo com os métodos e exigências próprias do conhecimento teológico, a forma mais adequada de comunicar a doutrina aos homens do seu tempo; porque uma coisa é o próprio depósito ou as verdades da fé, outra o modo pelo qual elas se anunciam, sempre, porém, com o mesmo sentido e significado.[12] Na atividade pastoral, conheçam-se e apliquem-se suficientemente, não apenas os princípios teológicos, mas também os dados das ciências profanas, principalmente da psicologia e sociologia, para que assim os fiéis sejam conduzidos a uma vida de fé mais pura e adulta.

A literatura e as artes são também, segundo a maneira que lhes é própria, de grande importância para a vida da Igreja. Procuram elas dar expressão à natureza do homem, aos seus problemas e à experiência das suas tentativas para conhecer-se e aperfeiçoar-se a si mesmo e ao mundo; e tentam identificar a sua situação na história e no universo, dar a conhecer as suas misérias e alegrias e necessidades e energias, e desvendar um futuro melhor. Conseguem assim elevar a vida humana, que exprimem sob muito diferentes formas, segundo os tempos e lugares.

Por conseguinte, deve trabalhar-se por que os artistas se sintam compreendidos, na sua atividade, pela Igreja e que, gozando duma conveniente liberdade, tenham mais facilidade de contatos com a comunidade

---

[12] João XXIII, *Discurso inaugural do Concílio*, 11 outubro 1962: AAS 54 (1962), p. 792.

cristã. A Igreja deve também reconhecer as novas formas artísticas, que segundo o gênio próprio das várias nações e regiões se adaptam às exigências dos nossos contemporâneos. Serão admitidos nos templos quando, graças a uma linguagem conveniente e conforme com as exigências litúrgicas, elevam o espírito a Deus.[13]

Deste modo, o conhecimento de Deus é mais perfeitamente manifestado; a pregação evangélica torna-se mais compreensível ao espírito dos homens e aparece como que integrada nas suas condições normais de vida.

Vivam, pois, os fiéis em estreita união com os demais homens do seu tempo e procurem compreender perfeitamente seu modo de pensar e sentir, qual se exprime pela cultura. Saibam conciliar os conhecimentos das novas ciências e doutrinas e últimas descobertas com os costumes e doutrina cristã, a fim de que a prática religiosa e a retidão moral acompanhem neles o conhecimento científico e o progresso técnico e sejam capazes de apreciar e interpretar todas as coisas com autêntico sentido cristão.

Os que se dedicam às ciências teológicas nos seminários e universidades, procurem colaborar com os especialistas de outros ramos do saber, pondo em comum trabalhos e conhecimentos. A investigação teológica deve simultaneamente procurar profundo conhecimento da verdade revelada e não descurar a ligação com o seu tempo, para que assim possa ajudar os homens formados nas diversas matérias a alcançar um conhecimento mais completo da fé. Esta colaboração de muitos ajudará a formação dos ministros sagrados. Estes poderão assim expor de maneira mais adequada aos

---

[13] Cf. Const. *De Sacra Liturgia*, n. 123: AAS 56 (1964), p. 131; Paulo VI, *Discurso aos artistas romanos*: AAS 56 (1964), p. 439-442.

homens do nosso tempo a doutrina da Igreja acerca de Deus, do homem e do mundo; e a sua palavra será por eles melhor acolhida.[14] É mesmo de desejar que muitos leigos adquirem uma conveniente formação nas disciplinas sagradas e que muitos deles se consagrem expressamente a cultivar e aprofundar estes estudos. E para que possam desempenhar bem a sua tarefa, deve reconhecer-se aos fiéis, clerigos ou leigos, uma justa liberdade de investigação, de pensamento e de expressão da própria opinião, com humildade e fortaleza, nos domínios da sua competência.[15]

CAPÍTULO III

A VIDA ECONÔMICO-SOCIAL

63. Também na vida econômica e social se deve respeitar e promover a dignidade e vocação integral da pessoa humana e o bem de toda a sociedade. Com efeito, o homem é o protagonista, o centro e o fim de toda a vida econômico-social.

A economia atual, de modo semelhante ao que sucede noutros campos da vida social, é caracterizada por um crescente domínio do homem sobre a natureza, pela multiplicação e intensificação das relações e mútua dependência entre os cidadãos, grupos e nações e, finalmente, por um mais freqüente intervencionismo do poder político. Ao mesmo tempo, o progresso das técnicas de produção e do intercâmbio de bens e serviços,

[14] Cf. Conc. Vat. II, Decreto *De institutione sacerdotali* e Declaração *De educatione christiana*.
[15] Cf. Const. dogm. *Lumen gentium,* cap. IV, n. 37: AAS 57 (1965), p. 42-43.

fizeram da economia um instrumento capaz de prover mais satisfatoriamente às acrescidas necessidades da família humana.

Mas não faltam motivos de inquietação. Não poucos homens, com efeito, sobretudo nos países economicamente desenvolvidos, parecem dominados pela realidade econômica; toda a sua vida está penetrada por um certo espírito economístico tanto nas nações favoráveis à economia coletivista como nas outras. No preciso momento em que o progresso da vida econômica permite mitigar as desigualdades sociais, se for dirigido e organizado de modo racional e humano, vemo-lo muitas vezes levar ao agravamento das mesmas desigualdades e até em algumas partes a uma regressão dos socialmente débeis e ao desprezo dos pobres. Enquanto multidões imensas carecem ainda do estritamente necessário, alguns, mesmo nas regiões menos desenvolvidas, vivem na opulência e na dissipação. Coexistem o luxo e a miséria. Enquanto que um pequeno número dispõe dum grande poder de decisão, muitos estão quase inteiramente privados da possibilidade de agir por própria iniciativa e responsabilidade, e vivem e trabalham em condições indignas da pessoa humana.

Semelhantes desequilíbrios se verificam entre a agricultura, a indústria e os trabalhos servis bem como entre as diferentes regiões do mesmo país. Torna-se cada vez mais grave e pode pôr em risco a própria paz mundial, a oposição entre nações economicamente mais desenvolvidas e as outras.

Os nossos contemporâneos têm uma consciência cada vez mais viva destas desigualdades, pois estão convencidos de que as maiores possibilidades técnicas e econômicas de que desfruta o mundo atual podem e devem corrigir este funesto estado de coisas. Mas, para tanto, requerem-se muitas reformas na vida econômico-social e uma mudança de mentalidade e de hábitos por parte de todos. Com esse fim a Igreja, no decurso dos séculos e sobretudo nos últimos tempos, formulou e proclamou à luz do Evangelho os princípios de justiça e eqüidade, postulados pela reta razão tanto para a vida individual e social como para a internacional. O sagrado Concílio pretende confirmar estes princípios, tendo em conta as condições do nosso tempo e indicar algumas orientações, tendo presente antes de mais, as exigências do desenvolvimento econômico.[1]

Secção 1: O desenvolvimento econômico

64. Hoje, mais do que outrora, para fazer frente ao aumento populacional e satisfazer às crescentes aspirações do gênero humano, com razão se faz um esforço por aumentar a produção agrícola e industrial e a prestação de serviços. Deve, por isso, favorecer-se o progresso técnico, o espírito de inventiva, a criação e ampliação dos empreendimentos, a adaptação dos métodos e os esforços valorosos de todos os que participam na produção; numa palavra, todos os fatores que contribuem para tal desenvolvimento. Mas a finalidade fundamental da produção não é o mero aumento dos produtos, nem o lucro ou o poderio, mas o serviço do homem; do homem integral, isto é, tendo em conta a ordem das suas necessidades materiais e as exigências da sua vida intelectual, moral, espiritual e religiosa; de qualquer homem ou grupo de homens, de qualquer raça ou região do mundo. A atividade econômica, regulando-se

[1] Cf. Pio XII, *Mensagem*, 23 março, 1952: AAS 44 (1952), p. 273; João XXIII, *Alocução à A. C. italiana*, 1º maio, 1959: AAS 51 (1959), p. 358.

pelas leis e métodos próprios, deve, portanto, exercer-se dentro dos limites da ordem moral,[2] para que assim se cumpra o desígnio de Deus sobre o homem.[3]

65. O progresso econômico deve permanecer sob a direção do homem; nem se deve deixar entregue só ao arbítrio de alguns poucos indivíduos ou grupos economicamente mais fortes ou só da comunidade política ou de algumas nações mais poderosas. Pelo contrário, é necessário que, em todos os níveis, tenha parte na sua direção o maior número possível de homens, ou todas as nações, se se trata de relações internacionais. De igual modo é necessário que as iniciativas dos indivíduos e das associações livres sejam coordenadas e organizadas harmonicamente com a atividade dos poderes públicos.

O desenvolvimento não se deve abandonar ao simples curso quase mecânico da atividade econômica, ou à autoridade pública somente. Devem, por isso, denunciar-se como errôneas tanto as doutrinas que, a pretexto duma falsa liberdade, se opõem às necessárias reformas, como as que sacrificam os direitos fundamentais dos indivíduos e das associações à organização coletiva de produção.[4]

---

[2] Cf. Pio XI, Enc. *Quadragesimo anno:* AAS 23 (1931), p. 190 s.; Pio XII, *Mensagem*, 23 março, 1952: AAS 44 (1952), p. 276 s.; João XXIII, Enc. *Mater et Magistra:* AAS 53 (1961), p. 450; Conc. Vat. II, Decreto *Inter mirifica,* cap. I, n. 6: AAS 56 (1964), p. 147.

[3] Cf. Mt 16,26; Lc 16,1-31; Cl 3,17.

[4] Cf. Leão XIII, Enc. *Libertas*, em Acta Leonis XIII, t. VIII, p. 220 s.; Pio XI, Enc. *Quadragesimo anno:* AAS 23 (1931), p. 191 S. ID., Enc. *Divini Redemptoris:* AAS 39 (1937), p. 65 s.; Pio XII, *Mensagem natalíticia* 1941: AAS 34 (1942), p. 10 s.; João XXIII, Enc. *Mater et Magistra:* AAS 53 (1961), p. 401-464.

Lembrem-se, de resto, os cidadãos, ser direito e dever seu, que o poder civil deve reconhecer, contribuir, na medida das próprias possibilidades, para o verdadeiro progresso da sua comunidade. Sobretudo nas regiões economicamente menos desenvolvidas, onde é urgente o emprego de todos os recursos disponíveis, fazem correr grave risco ao bem comum todos aqueles que conservam improdutivas as suas riquezas ou, salvo o direito pessoal de migração, privam a própria comunidade dos meios materiais ou espirituais de que necessita.

66. Para satisfazer às exigências da justiça e da eqüidade, é necessário esforçar-se energicamente para que, respeitando os direitos das pessoas e a índole própria de cada povo, se eliminem o mais depressa possível as grandes e por vezes crescentes desigualdades econômicas atualmente existentes, acompanhadas da discriminação individual e social. De igual modo, tendo em conta as especiais dificuldades da agricultura em muitas regiões, quer na produção quer na comercialização dos produtos, é preciso ajudar os agricultores, no aumento e venda da produção, na introdução das necessárias transformações e inovações e na obtenção dum justo rendimento; para que não continuem a ser, como muitas vezes acontece, cidadãos de segunda categoria. Quanto aos agricultores, sobretudo os jovens, dediquem-se com empenho a desenvolver a própria competência profissional, sem a qual é impossível o progresso da agricultura.[5]

É também exigência da justiça e da eqüidade que a mobilidade, necessária para o progresso econômico, seja regulada de tal maneira que a vida dos indivíduos

---

[5] Quanto aos problemas da agricultura, cf. sobretudo João XXIII, Enc. *Mater et Magistra:* AAS 53 (1961), p. 341 s.

e das famílias não se torne insegura e precária. Deve, portanto, evitar-se cuidadosamente toda e qualquer espécie de discriminação quanto às condições de remuneração ou de trabalho com relação aos trabalhadores oriundos de outro país ou região, que contribuem com o seu trabalho para o desenvolvimento econômico da nação ou da província. Além disso, todos, e antes de mais os poderes públicos, devem tratá-los como pessoas, e não como simples instrumentos de produção, ajudá-los para que possam trazer para junto de si a própria família e arranjar conveniente habitação, e favorecer a sua integração na vida social do povo ou da religião que os acolhe. Porém, na medida do possível, criem-se fontes de trabalho nas suas próprias regiões.

Nas economias hoje em transformação, bem como nas novas formas de sociedade industrial, nas quais por exemplo a automação se vai impondo, deve ter-se o cuidado de que se proporcione a cada um, trabalho suficiente e adaptado, juntamente com a possibilidade duma conveniente formação técnica e profissional; e garanta-se o sustento e a dignidade humana sobretudo àqueles que, por causa da doença ou da idade, têm maiores dificuldades.

Secção 2: Alguns princípios diretores de toda a vida econômico-social

67. O trabalho humano que se exerce na produção e na troca dos bens econômicos e na prestação de serviços, sobreleva aos demais fatores da vida econômica, que apenas têm valor de instrumentos.

Este trabalho, empreendido por conta própria ou ao serviço de outrem, procede imediatamente da pessoa, a qual como que marca com o seu selo as coisas da natureza, e as sujeita ao seu domínio. É com o seu trabalho que o homem sustenta de ordinário a própria vida e a dos seus; por meio dele se une e serve aos seus irmãos, pode exercitar uma caridade autêntica e colaborar no acabamento da criação divina. Mais ainda: sabemos que, oferecendo a Deus o seu trabalho, o homem se associa à obra redentora de Cristo, o qual conferiu ao trabalho uma dignidade sublime, trabalhando com as suas próprias mãos em Nazaré. Daí nasce para cada um o dever de trabalhar fielmente, e também o direito ao trabalho; à sociedade cabe, por sua parte, ajudar em quanto possa, segundo as circunstâncias vigentes, os cidadãos para que possam encontrar oportunidade de trabalho suficiente. Finalmente, tendo em conta as funções e produtividade de cada um, bem como a situação da empresa e o bem comum,[6] o trabalho deve ser remunerado de maneira a dar ao homem a possibilidade de cultivar dignamente a própria vida material, social, cultural e espiritual e a dos seus.

Dado que a atividade econômica é, na maior parte dos casos, fruto do trabalho associado dos homens, é injusto e desumano organizá-la e dispô-la de tal modo que isso resulte em prejuízo para alguns dos que trabalham. Ora acontece freqüentemente, mesmo nos nossos dias, que os que trabalham estão de algum modo escravizados à própria atividade. Isto não encontra justificação alguma nas chamadas leis econômicas. É pre-

---

[6] Cf. Leão XIII, Enc. *Rerum Novarum:* AAS 23 (1890-1891), p. 649-662; Pio XI, Enc. *Quadragesimo anno:* AAS 23 (1931), p. 200-201; ID., Enc. *Divini Redemptoris:* AAS 29 (1937), p. 92; Pio XII, *Radiomensagem na vigília do Natal* de 1942: AAS 35 (1943), p. 20; ID., *Alocução* 13 junho, 1943: AAS 35 (1943), p. 172: ID., *Radiomensagem aos operários espanhóis* 11 março, 1951: AAS 43 (1951), p. 215; João XXIII, Enc. *Mater et Magistra:* AAS 53 (1961), p. 419.

ciso, portanto, adaptar todo o processo do trabalho produtivo às necessidades da pessoa e às formas de vida; primeiro que tudo da doméstica, especialmente no que se refere às mães, e tendo sempre em conta o sexo e a idade. Proporcione-se, além disso, aos trabalhadores a possibilidade de desenvolver, na execução do próprio trabalho, as suas qualidades e personalidades. Ao mesmo tempo que aplicam responsavelmente a esta execução o seu tempo e forças, gozem porém, todos, de suficiente descanso e tempo livre para atender à vida familiar, cultural, social e religiosa. Tenham mesmo oportunidade de desenvolver livremente as energias e capacidades que talvez pouco possam exercitar no seu trabalho profissional.

68. Nas empresas econômicas, são pessoas que se associam, isto é, homens livres e autônomos, criados à imagem de Deus. Por isso, tendo em conta as funções de cada um — proprietários, empresários, dirigentes ou operários — e salva a necessária unidade de direção, promova-se, segundo modalidades a determinar convenientemente, a participação ativa de todos na gestão das empresas.[7] E dado que freqüentemente não é ao nível da empresa mas num mais alto de instituições superiores que se tomam as decisões econômicas e sociais de que depende o futuro dos trabalhadores e de seus filhos, eles devem participar também no estabelecimento dessas decisões, por si ou por delegados livremente eleitos.

---

[7] Cf. João XXIII, Enc. *Mater et Magistra:* AAS 53 (1961), p. 408, 424, 427; a palavra "curatione" foi tirada do texto latino da Enc. *Quadragesimo anno.* AAS 23 (1931), p. 199. Sob o aspecto da evolução desta questão, cf. também Pio XII, *Alocução* 3 junho, 1950: AAS 42 (1950), p. 485-488; Paulo VI, *Alocução* 8 junho, 1964: AAS 56 (1964), p. 574-579.

Entre os direitos fundamentais da pessoa humana deve contar-se o de os trabalhadores criarem livremente associações que os possam representar autenticamente e contribuir para a reta ordenação da vida econômica; e ainda o direito de participar, livremente, sem risco de represálias na atividade das mesmas. Graças a esta ordenada participação, junto com uma progressiva formação econômica e social, aumentará cada vez mais em todos a consciência da própria função e dever; ela os levará a sentirem-se associados, segundo as próprias possibilidades e aptidões, a todo o trabalho de desenvolvimento econômico e social e a realização do bem comum universal.

Quando, porém, surgem conflitos econômicos-sociais, devem fazer-se esforços para que se chegue a uma solução pacífica dos mesmos. Mas ainda que, antes de mais se deva recorrer ao sincero diálogo entre as partes, todavia, a greve pode ainda constituir, mesmo nas atuais circunstâncias, um meio necessário, embora extremo, para defender os próprios direitos e alcançar as justas reivindicações dos trabalhadores. Mas procure-se retomar o mais depressa possível o caminho da negociação e da conciliação dialogada.

69. Deus destinou a terra com tudo o que ela contém para uso de todos os homens e povos; de modo que os bens criados devem chegar eqüitativamente às mãos de todos, segundo a justiça, secundada pela caridade.[8] Sejam quais forem as formas da propriedade, conforme às legítimas instituições dos povos e segundo as diferentes e mutáveis circunstâncias, deve-se sempre atender a este destino universal dos bens. Por esta ra-

---

[8] Cf. Pio XII, Enc. *Sertum laetitiae:* AAS 31 (1939), p. 642; João XXIII, *Alocução consistorial:* AAS 52 (1960), p. 5-11; ID., Enc. *Mater et Magistra:* AAS 53 (1961), p. 411.

zão, quem usa desses bens, não deve considerar as coisas exteriores que legitimamente possui só como próprias, mas também como comuns, no sentido de que possam beneficiar não só a si mas também aos outros.[9]

De resto, todos tem o direito de ter uma parte de bens suficientes para si e suas famílias. Assim pensaram os Padres e Doutores da Igreja, ensinando que os homens têm obrigação de auxiliar os pobres e não apenas com os bens supérfluos.[10] Aquele, porém, que se encontra em extrema necessidade, tem direito a tomar, dos bens dos outros, o que necessita.[11] Sendo tão numerosos

---

[9] Cf. Santo Tomás, *Summa Theol.* II-II q. 32,a.5 ad 2; Ibid. q. 66, a. 2; cf. explicação em Leão XIII, Enc. *Rerum Novarum:* AAS 23 (1890-1891) p. 651; cf. também Pio XII, *Alocução* 1 junho, 1941: AAS 33 (1941), p. 199; ID., *Radiomensagem natalícia* em 1954; AAS 47 (1955), p. 27.

[10] Cf. São Basílio, *Hom. in illud Lucae "Destruam horrea mea"*, n. 2: PG 31, 263; Lactâncio, *Divinarum institutionum*, C, V. de iustitia: PL 6, 565 B; Santo Agostinho, *In Joan. Ev.* tr. 50, n. 6: PL 35, 1760; ID., *Enarratio in Ps. CXLVII*, 12: PL 37, 192; São Gregório M., *Homiliae in Ev. hom.* 20: PL 76, 1165; ID., *Regulae Pastoralis* liber, parte III, cap. 21: PL 77, 87; São Boaventura, *In III Sent.*, d. 33, dub. 1 (ed. Quaeracchi III, 728); ID., *In IV Sent.*, d. 15, p. II, a. 2, q. 1 (ed. cit. IV, 371 b); q. de supérfluo (ms da Bibl. mun. de Assis, 186, ff. 112ª-113ª); Santo Alberto Magno, *In III Sent.*, d. 33 a. 3 sol. 1 (ed. Borgnet XXVIII, 611); ID., *In IV Sent.*, d. 15, a. 16 (ed. cit XXIX, 494-497). Quanto à determinação do supérfluo atualmente, cf. João XXIII, *Mensagem radiotelevisiva*, 11 setembro, 1962: AAS 54 (1962), p. 682: "Dever de cada homem, dever urgente do cristão é considerar o supérfluo com a medida das necessidades alheias, e de vigiar que a administração e a distribuição dos bens criados sejam dispostos para vantagem de todos."

[11] (Nesse caso, vale o antigo princípio: "Na necessidade extrema, todas as coisas são comuns, isto é, todas as coisas devem ser tornadas comuns". Por outro lado, segundo o modo, extensão e medida em que se aplica o princípio no texto aduzido, além dos autores modernos aprovados: cf. Santo

os que no mundo padecem fome, o sagrado Concílio insiste com todos, indivíduos e autoridades, para que, recordados daquela palavra dos Padres — "Alimenta o que padece fome, porque, se o não alimentares, mata-o"[12] — repartam realmente e distribuam os seus bens, procurando sobretudo prover esses indivíduos e povos daqueles auxílios que lhes permitam ajudar-se e desenvolver-se a si mesmos.

Nas sociedades economicamente menos desenvolvidas, o destino comum dos bens é freqüentes vezes parcialmente atendido graças a costumes e tradições próprias da comunidade, que asseguram a cada membro os bens indispensáveis. Mas deve evitar-se considerar certos costumes como absolutamente imutáveis se já não correspondem às exigências do tempo atual; por outro lado, não se proceda imprudentemente contra os costumes honestos, que, uma vez convenientemente adaptados às circunstâncias atuais, continuam a ser muito úteis. De modo análogo, nas nações muito desenvolvidas economicamente, um conjunto de instituições sociais de previdência e seguro pode constituir uma realização parcial do destino comum dos bens. Deve prosseguir-se o desenvolvimento dos serviços familiares e sociais, sobretudo daqueles que atendem à cultura e educação. Na organização de todas estas instituições deve porém, atender-se a que os cidadãos não sejam levados a uma certa passividade com relação à sociedade ou à irresponsabilidade e recusa de serviço.

Tomás, Summa Theol. II-II, q. 66, a. 7. É claro que para a reta aplicação do princípio todas as condições moralmente exigidas devem ser respeitadas.

[12] Cf. *Decr. Gratiani*, C, 21, d. LXXXVI (ed. Friedberg I, 302). Este dito encontra-se já em PL 54, 59, A cf. *Antonianum* 27 (1952), p. 349-366.

70. Os investimentos, por sua parte, devem tender a assegurar suficientes empregos e rendimentos, tanto para a população atual como para a de amanhã. Todos os que decidem destes investimentos e da organização da vida econômica — indivíduos, grupos ou poderes públicos — devem ter presentes estes fins e reconhecer a grave obrigação que têm de vigiar para que se assegurem os requisitos necessários a uma vida digna dos indivíduos e de toda a comunidade; e, ainda, de prever o futuro e garantir um são equilíbrio entre as necessidades do consumo hodierno, individual e coletivo, e as exigências de investimento para a geração futura. Tenham-se sempre também em conta as necessidades urgentes das nações ou regiões economicamente menos desenvolvidas. Em matéria de política monetária, evite-se prejudicar o bem quer da própria nação quer das outras. E tomem-se providências para que os economicamente débeis não sofram injusto prejuízo com as mudanças de valor do dinheiro.

71. Dado que a propriedade e as outras formas de domínio privado dos bens externos contribuem para a expressão da pessoa e lhe dão ocasião de exercer a própria função na sociedade e na economia, é de grande importância que se fomente o acesso dos indivíduos e grupos a um certo domínio desses bens.

A propriedade privada ou um certo domínio sobre os bens externos asseguram a cada um a indispensável esfera de autonomia pessoal e familiar, e devem ser considerados como que uma extensão da liberdade humana. Finalmente, como estimulam o exercício da responsabilidade, constituem uma das condições das liberdades civis.[13]

[13] Cf. Leão XIII, Enc. *Rerum Novarum:* AAS 23 (1890-1891), p. 643-646; Pio XI, Enc. *Quadragesimo anno:* AAS 23

As formas desse domínio ou propriedade são atualmente variadas e cada dia se diversificam mais. Mas todas continuam a ser, apesar dos fundos sociais e dos direitos e serviços assegurados pela sociedade, um fator não desprezível de segurança. O que se deve dizer não só dos bens materiais, mas também dos imateriais, como é a capacidade profissional.

No entanto, o direito de propriedade privada não é incompatível com as várias formas legítimas de direito de propriedade pública. Quanto à apropriação pública dos bens, ela só pode ser levada a cabo pela legítima autoridade, segundo as exigências e dentro dos limites do bem comum, e mediante uma compensação eqüitativa. Compete, além disso, à autoridade pública impedir que alguém abuse da propriedade privada em detrimento do bem comum.[14]

De resto, a mesma propriedade privada é de índole social, fundada na lei do destino comum dos bens.[15] O desprezo deste caráter social foi muitas vezes ocasião de cobiças e de graves desordens, chegando mesmo a fornecer um pretexto para os que contestam esse próprio direito.

Em bastante regiões economicamente pouco desenvolvidas, existem grandes e até vastíssimas proprieda-

---

(1931), p. 191; Pio XII, *Radiomensagem* 1 junho, 1941: AAS 33 (1941), p. 199; ID., *Radiomensagem na vigília de Natal* 1942: AAS 35 (1943), p. 17; ID., *Radiomensagem*, 1 setembro, 1944: AAS 36 (1944), p. 253; João XXIII, Enc. *Mater et Magistra:* AAS 53 (1961), p. 428-429.

[14] Cf. Pio XI, Enc. *Quadragesimo anno:* AAS 23 (1931), p. 214; João XXIII, Enc. *Mater et Magistra:* AAS 53 (1961), p. 429.

[15] Cf. Pio XII, *Radiomensagem*, Pentecostes 1941: AAS 44 (1941), p. 199. João XXIII, Enc. *Mater et Magistra:* AAS 53 (1961), p. 430.

des rústicas, fracamente cultivadas ou até deixadas totalmente incultas com intentos lucrativos, enquanto que a maior parte do povo não tem terras ou apenas possui pequenos campos e, por outro lado, o aumento da produção agrícola apresenta um evidente caráter de urgência. Não raro, os que são contratados a trabalhar pelos proprietários ou exploram, em regime de arrendamento, uma parte das propriedades, apenas recebem um salário ou um rendimento indigno de um homem, carecem de habitação decente e são explorados pelos intermediários. Desprovidos de qualquer segurança, vivem num tal regime de dependência pessoal que perdem quase por completo a capacidade de iniciativa e responsabilidade e lhes está impedida toda e qualquer promoção cultural ou participação na vida social e política. Impõem-se, portanto, reformas necessárias, segundo os vários casos: para aumentar os rendimentos, corrigir as condições de trabalho, reforçar a segurança do emprego, estimular a iniciativa e, mesmo, para distribuir terras não suficientemente cultivadas àqueles que as possam tornar produtivas. Neste último caso, devem assegurar-se os bens e meios necessários, sobretudo de educação e possibilidades duma adequada organização cooperativa. Sempre, porém, que o bem comum exigir a expropriação, a compensação deve ser eqüitativamente calculada, tendo em conta todas as circunstâncias.

72. Os cristãos que desempenham parte ativa no atual desenvolvimento econômico-social e lutam pela justiça e pela caridade, estejam convencidos de que podem contribuir muito para o bem da humanidade e paz do mundo. Em todas estas atividades, quer sozinhos quer associados, sejam de exemplo a todos. Adquirindo a competência e experiência absolutamente indispensáveis, respeitem a devida hierarquia entre as atividades terrenas fiéis a Cristo e ao seu Evangelho, de maneira

a que toda a sua vida, tanto individual como social, seja penetrada do espírito das bem-aventuranças, e especialmente do espírito de pobreza.

Todo aquele que, obedecendo a Cristo, busca primeiramente o reino de Deus, recebe daí um amor mais forte e mais puro, para ajudar os seus irmãos e realizar, sob o impulso da caridade, a obra da justiça.[16]

CAPÍTULO IV

A VIDA DA COMUNIDADE POLÍTICA

73. Profundas transformações se verificam nos nossos dias também nas estruturas e instituições dos povos, em conseqüência da sua evolução cultural, econômica e social; pois todas estas transformações têm uma grande influência na vida da comunidade política, especialmente no que se refere aos direitos e deveres de cada um no exercício da liberdade cívica, na promoção do bem comum e na estruturação das relações dos cidadãos entre si e com o poder público.

A consciência mais sentida da dignidade humana dá origem em diversas regiões do mundo ao desejo de instaurar uma ordem político-jurídica em que os direitos da pessoa na vida pública sejam melhor assegurados, tais como os direitos de livre reunião e associação, de expressão das próprias opiniões e de profissão privada e pública da religião. A salvaguarda dos direitos da pessoa é, com efeito, uma condição necessária para que os cidadãos, quer individualmente quer em grupo, possam participar ativamente na vida e gestão da coisa pública.

---

[16] Para o reto uso dos bens segundo a doutrina do Novo Testamento, cf. Lc 3,11; 10, 30s.; 11,41; 1Pd 5,3; Mc 8,36; 12,30-31; Tg 5,1-6; 1Tm 6,8; Ef 4,28; 2Cor 8,13; 1Jo 3,17s.

Paralelamente com o progresso cultural, econômico e social, cresce em muitos o desejo de tomar maior parte na direção da vida política. Aumenta na consciência de muitos o empenho em assegurar os direitos das minorias, sem esquecer de resto os seus deveres para com a comunidade política; cresce, além disso, cada dia o respeito pelos homens que professam idéias ou religião diferentes; e estabelece-se ao mesmo tempo uma colaboração mais ampla, a fim de que todos os cidadãos, e não apenas alguns privilegiados, possam gozar realmente dos direitos da pessoa.

Condenam-se, pelo contrário, todas as formas políticas, existentes em algumas regiões, que impedem a liberdade civil ou religiosa, multiplicam as vítimas das paixões e dos crimes políticos e desviam do bem comum o exercício da autoridade, em benefício de alguma facção ou dos próprios governantes.

Para estabelecer uma vida política verdadeiramente humana, nada melhor do que fomentar sentimentos interiores de justiça e benevolência e serviço do bem comum e reforçar as convicções fundamentais acerca da verdadeira natureza da comunidade política e do fim, reto exercício e limites da autoridade.

74. Os indivíduos, as famílias e os diferentes grupos que constituem a sociedade civil, têm consciência da própria insuficiência para realizar uma vida plenamente humana e percebem a necessidade duma comunidade mais ampla, no seio da qual todos conjuguem diariamente as próprias forças para cada vez melhor promoverem o bem comum.[1] E por esta razão constituem, segundo diversas formas, a comunidade política.

---

[1] Cf. João XXIII, Enc. *Mater et Magistra:* AAS 53 (1961), p. 417.

A comunidade política existe, portanto, em vista do bem comum; nele encontra a sua completa justificação e significado e dele deriva o seu direito natural e próprio. Quanto ao bem comum, ele compreende o conjunto das condições de vida social que permitem aos indivíduos, famílias e associações alcançar mais plena e facilmente a própria perfeição.[2]

Porém, os homens que se reúnem na comunidade política são muitos e diferentes, e podem legitimamente divergir de opinião. E assim, para impedir que a comunidade política se desagregue ao seguir cada um o próprio parecer, requer-se uma autoridade que faça convergir para o bem comum as energias de todos os cidadãos; não duma maneira mecânica ou despótica, mas sobretudo como força moral, que se apoia na liberdade e na consciência do próprio dever e sentido de responsabilidade.

Resulta, portanto, claro que a comunidade política e a autoridade pública se fundam na natureza humana e que, por conseguinte, pertencem à ordem estabelecida por Deus, embora a determinação do regime político e a designação dos governantes se deixem à livre vontade dos cidadãos.[3]

Segue-se também que o exercício da autoridade política, seja na comunidade como tal, seja nos organismos que representam o estado, se deve sempre desenvolver e atuar dentro dos limites da ordem moral, em vista do bem comum, dinamicamente concebidos, de acordo com a ordem jurídica legitimamente estabelecida ou a estabelecer. Nestas condições, os cidadãos

[2] Cf. ID., ibid.
[3] Cf. Rm 13,1-5.

têm obrigação moral de obedecer.[4] Daqui a responsabilidade, dignidade e importância dos que governam.

Mas quando a autoridade pública, excedendo os limites da própria competência, oprimem os cidadãos, estes não se recusem às exigências objetivas do bem comum; mas é-lhes lícito, dentro dos limites definidos pela lei natural e o Evangelho, defender os próprios direitos e os dos seus concidadãos, contra o abuso desta autoridade.

Os modos concretos como a comunidade política organiza a própria estrutura e o equilíbrio dos poderes públicos, podem variar, segundo diferente índole e o progresso histórico dos povos; mas devem sempre ordenar-se à formação de homens cultos, pacíficos e benévolos para com todos, em proveito de toda a família humana.

75. É plenamente conforme com a natureza do homem que se encontrem estruturas jurídico-políticas nas quais todos os cidadãos tenham a possibilidade efetiva de participar livre e ativamente, dum modo cada vez mais perfeito e sem qualquer discriminação, tanto no estabelecimento das bases jurídicas da comunidade política como na gestão da coisa pública e na determinação do campo e fim das várias instituições e na escolha dos governantes.[5] Todos os cidadãos se lembrem, portanto, do direito e simultaneamente do dever que têm de fazer uso do seu voto livre em vista da promoção do bem comum. A Igreja louva e aprecia o trabalho

---

[4] Cf. Rm 13,5.

[5] Cf. Pio XII, *Radiomensagem,* 24 dezembro, 1942: AAS 35 (1943), p. 9-24; 24 dezembro, 1944: AAS 37 (1945), p. 11-17; João XXIII, Enc. *Pacem in terris:* AAS 55 (1963), p. 263,271,277,278.

de quantos se dedicam ao bem da nação e tomam sobre si o peso de tal cargo, em serviço dos homens.

Para que a cooperação responsável dos cidadãos leve a felizes resultados na vida pública de todos os dias, é necessário que haja uma ordem jurídica positiva, que estabeleça conveniente divisão das funções e dos órgãos da autoridade pública e ao mesmo tempo uma proteção de direito eficaz e plenamente independente de qualquer que seja. Juntamente com os deveres a que todos os cidadãos estão obrigados, sejam reconhecidos, assegurados e fomentados[6] os direitos das pessoas, famílias e grupos sociais, bem como o exercício dos mesmos. Entre aqueles é preciso recordar o dever de prestar à nação os serviços materiais e pessoais que são requeridos pelo bem comum. Os governantes tenham o cuidado de não impedir as associações familiares, sociais ou culturais e os corpos ou organismos intermédios, nem os privem da sua atividade legítima e eficaz; pelo contrário procurem de bom grado promovê-la ordenadamente. Evitem, por isso, os cidadãos, quer individual quer associativamente, conceder à autoridade um poder excessivo, nem esperem dela, de modo inoportuno, demasiadas vantagens e facilidades, de modo a que se diminua a responsabilidade das pessoas, famílias e grupos sociais.

A crescente complexidade das atuais circunstâncias, força com freqüência o poder público a intervir nos assuntos sociais, econômicos e culturais, com o fim de introduzir condições mais favoráveis em que os cidadãos e grupos possam livremente e com mais eficácia promover o bem humano integral. As relações entre a

[6] Cf. Pio XII, *Radiomensagem*, 7 junho, 1941: AAS 33 (1941), p. 200; João XXIII, Enc. *Pacem in terris:* 1. c., p. 273, 274.

socialização[7] e a autonomia e desenvolvimento pessoais podem conceber-se diferentemente, conforme a diversidade das regiões e o grau de desenvolvimento dos povos. Mas quando, por exigência do bem comum, se limitar temporariamente o exercício dos direitos, restabeleça-se quanto antes a liberdade, logo que mudem as circunstâncias. É, porém, desumano que a autoridade política assuma formas totalitárias ou ditatoriais, que lesam os direitos das pessoas ou dos grupos sociais.

Os cidadãos cultivem com magnanimidade e lealdade o amor da pátria, mas sem estreiteza de espírito, de maneira que, ao mesmo tempo, tenham sempre presente o bem de toda a família humana, que resulta das várias ligações entre as raças, povos e nações.

Todos os cristãos tenham consciência da sua vocação especial e própria na comunidade política; por ela são obrigados a dar exemplo de sentida responsabilidade e dedicação pelo bem comum, de maneira a mostrarem também com fatos como se harmonizam a autoridade e a liberdade, iniciativa pessoal e a solidariedade do inteiro corpo social, a oportuna unidade com a proveitosa diversidade. Reconheçam as legítimas opiniões, divergentes entre si, acerca da organização da ordem temporal e respeitem os cidadãos e grupos que as defendem honestamente. Os partidos políticos devem promover o que julgam ser exigido pelo bem comum, sem que jamais seja lícito antepor o próprio interesse ao bem comum.

Deve atender-se cuidadosamente à educação cívica e política, hoje tão necessária à população e sobretudo aos jovens, para que todos os cidadãos possam participar na vida da comunidade política. Os que são

---

[7] Cf. João XXIII, Enc. *Mater et Magistra:* AAS 53 (1961), p. 416.

ou podem tornar-se aptos para exercer a difícil e muito nobre[8] arte da política, preparem-se para ela; e procurem exercê-la sem pensar no interesse próprio ou em vantagens materiais. Procedam com inteireza e prudência contra a injustiça e a opressão, contra o arbitrário domínio de uma pessoa ou de um partido, e contra a intolerância. E dediquem-se com sinceridade e eqüidade, e mais ainda com caridade e fortaleza políticas, ao bem de todos.

76. É de grande importância, sobretudo onde existe uma sociedade pluralística, que se tenha uma concepção exata das relações entre a comunidade política e a Igreja; e ainda que se distingam claramente as atividades que os fiéis, isoladamente ou em grupo, desempenham em próprio nome como cidadãos guiados pela sua consciência de cristãos, e aquelas que exercitam em nome da Igreja e em união com os seus pastores.

A Igreja, que em razão da sua missão e competência, de modo algum se confunde com a sociedade nem está ligada a qualquer sistema político determinado, é ao mesmo tempo sinal e salvaguarda da transcendência da pessoa humana.

No domínio próprio de cada uma, comunidade política e Igreja são independentes e autônomas. Mas, embora por títulos diversos, ambas servem a vocação pessoal e social dos mesmos homens. E tanto mais eficazmente exercitarão este serviço para bem de todos, quanto melhor cultivarem entre si uma sã cooperação, tendo igualmente em conta as circunstâncias de lugar e tempo. Porque o homem não se limita à or-

[8] Pio XI, *Alocução aos dirigentes da federação Universitária Católica:* Discorsi di Pio XI (ed. Bertetto) Turim, vol. 1 (1960), p. 743.

dem temporal somente; vivendo na história humana, conserva inteira a sua vocação eterna. Quanto à Igreja, fundada sobre o amor do Redentor, ela contribui para que se difundam mais amplamente, nas nações e entre as nações, a justiça e a caridade. Pregando a verdade evangélica e iluminando com a sua doutrina e o testemunho dos cristãos, todos os campos da atividade humana, ela respeita e promove também a liberdade e responsabilidade política dos cidadãos.

Os apóstolos e os sucessores dos mesmos, com os seus cooperadores, enviados para anunciar aos homens, Cristo, Salvador do mundo, têm por sustentáculo do seu apostolado o poder de Deus, o qual muitas vezes manifesta a força do Evangelho na fraqueza das suas testemunhas. É preciso, pois, que todos os que se consagram ao ministério da palavra de Deus utilizem os caminhos e meios próprios do Evangelho, tantas vezes diferentes dos meios da cidade terrena.

É certo que as coisas terrenas e as que, na condição humana, transcendem este mundo, se encontram intimamente ligadas; a própria Igreja usa das coisas temporais, na medida em que a sua missão o exige. Mas ela não coloca a sua esperança nos privilégios que lhe oferece a autoridade civil; mais ainda, ela renunciará ao exercício de alguns direitos legitimamente adquiridos, quando verificar que o seu uso põe em causa a sinceridade do seu testemunho ou que novas condições de vida exigem outras disposições. Porém, sempre lhe deve ser permitido pregar com verdadeira liberdade a fé: ensinar a sua doutrina acerca da sociedade; exercer sem entraves a própria missão entre os homens; e pronunciar o seu juízo moral mesmo acerca das realidades políticas, sempre que os direitos fundamentais da pessoa ou a salvação das almas o exigirem e utilizando todos e só aqueles meios que são conformes com o Evangelho e, segundo a variedade dos tempos e circunstâncias, são para o bem de todos.

Aderindo fielmente ao Evangelho e realizando a sua missão no mundo, a Igreja — a quem pertence fomentar e elevar tudo o que de verdadeiro, bom e belo se encontra na comunidade dos homens[9] — consolida para a glória de Deus, a paz entre os homens.[10]

CAPÍTULO V

PROMOÇÃO DA PAZ E DA COMUNIDADE INTERNACIONAL

77. Nestes nossos tempos, em que as dores e angústias derivadas da guerra ou da sua ameaça ainda oprimem tão duramente os homens, a família humana chegou a uma hora decisiva no seu processo de maturação. Progressivamente unificada, e por toda a parte mais consciente da própria unidade, não pode levar a cabo a tarefa que lhe incumbe de construir um mundo mais humano para todos os homens, a não ser que todos se orientem com espírito renovado à verdadeira paz. A mensagem evangélica, tão em harmonia com os mais altos desejos e aspirações do gênero humano, brilha assim com novo esplendor nos tempos de hoje, ao proclamar felizes os construtores da paz "porque serão chamados filhos de Deus" (Mt 5,9).

Por isso, o Concílio, explicando a verdadeira e nobilíssima natureza da paz, e uma vez condenada a

---

[9] Cf. Conc. Vaticano II, Const. dogm. *Lumen gentium*, n. 13: AAS 57 (1965), p. 17.
[10] Cf. Lc 2,14.

desumanidade da guerra, quer apelar ardentemente para que os cristãos, com a ajuda de Cristo, autor da paz, colaborem com todos os homens no estabelecimento da paz na justiça e no amor e na preparação dos instrumentos da mesma paz.

78. A paz não é ausência da guerra; nem se reduz ao estabelecimento do equilíbrio entre as forças adversas ou resulta duma dominação despótica. Com toda a exatidão e propriedade ela é chamada "obra da justiça" (Is 32,7). É um fruto da ordem que o divino Criador estabeleceu para a sociedade humana, e que deve ser realizada pelos homens, sempre anelantes por uma mais perfeita justiça. Com efeito, o bem comum do gênero humano é regido, primária e fundamentalmente, pela lei eterna; mas, quanto às suas exigências concretas, está sujeito a constantes mudanças, com o decorrer do tempo. Por esta razão, a paz nunca se alcança duma vez para sempre, antes deve estar constantemente a ser edificada. Além disso, como a vontade humana é fraca e ferida pelo pecado, a busca da paz exige o constante domínio das paixões de cada um e a vigilância da autoridade legítima.

Mas tudo isto não basta. Esta paz não se pode alcançar na terra a não ser que se assegure o bem das pessoas e que os homens compartilhem entre si, livre e confiadamente as riquezas do seu espírito Criador. Absolutamente necessárias para a edificação da paz são ainda a vontade firme de respeitar a dignidade dos outros homens e povos e a prática assídua da fraternidade. A paz é assim também fruto do amor, o qual vai além do que a justiça consegue alcançar.

A paz terrena, nascida do amor do próximo, é imagem e efeito da paz de Cristo, vinda do Pai. Pois o próprio Filho encarnado, príncipe da paz, reconciliou com Deus, pela cruz, todos os homens; restabelecendo a unidade de todos em um só povo e num só corpo, extinguiu o ódio e, exaltado na ressurreição, derramou nos corações o Espírito de amor.

Todos os cristãos são, por isso, insistentemente chamados a que "praticando a verdade na caridade" (Ef 4,15), se unam com os homens verdadeiramente pacíficos para implorarem e edificarem a paz.

Levados pelo mesmo espírito, não podemos deixar de louvar aqueles que, renunciando à ação violenta para reivindicar os próprios direitos, recorrem a meios de defesa que estão também ao alcance dos mais fracos — sempre que isto se possa fazer sem lesar os direitos e obrigações de outros ou da comunidade.

Na medida em que os homens são pecadores, o perigo de guerra ameaça-os e continuará a ameaçá-los até à vinda de Cristo; mas na medida em que, unidos em caridade, superam o pecado, superadas ficam também as lutas, até que se realize aquela palavra: "Com as espadas forjarão arados e foices com as lanças. Nenhum povo levantará a espada contra outro e jamais se exercitarão para a guerra" (Is 2,4).

Secção 1: Evitar a guerra

79. Apesar de as últimas guerras terem trazido tão grandes danos materiais e morais, ainda todos os dias a guerra leva por diante as suas devastações em alguma parte da terra. Mais ainda, o emprego de armas científicas de todo o gênero para fazer a guerra, ameaça, dada a selvajaria daquelas, levar os combatentes a uma barbárie muito pior que a de outros tempos. Além disso, a complexidade da atual situação e o intrincado das relações entre países tornam possível o prolongar-se de guerras mais ou menos larvadas, pelo recurso a no-

vos métodos insidiosos e subversivos. Em muitos casos, o recurso aos métodos do terrorismo é considerado como uma nova forma de guerra.

Tendo diante dos olhos este estado de prostração da humanidade, o Concílio quer, antes de mais recordar o valor permanente do direito natural internacional e dos seus princípios universais. A própria consciência da humanidade afirma cada vez com maior força estes princípios. As ações que lhes são deliberadamente contrárias, bem como as ordens que as mandam executar, são, portanto, criminosas; nem a obediência cega pode desculpar os que as cumprem. Entre tais atos devem-se contar, antes de mais, aqueles com que se leva metodicamente a cabo o extermínio de toda uma raça, nação ou minoria étnica. Tais ações devem ser veementemente condenadas como horríveis crimes e louvada no mais alto grau a coragem de quantos não temem resistir abertamente aos que as querem impor.

Existem diversas convenções internacionais relativas à guerra, subscritas por bastante nações, e que visam a tornar menos desumanas as atividades bélicas e suas conseqüências; tais, por exemplo, as que se referem à sorte dos soldados feridos ou prisioneiros, e outras semelhantes. Estes acordos devem ser observados. Mais ainda, todos, sobretudo os poderes públicos e os peritos nestas matérias, têm obrigação de procurar aperfeiçoá-las quanto lhes for possível, de maneira a que sejam capazes de melhor e mais eficazmente refrearem a crueldade das guerras. Parece, além disso, justo que as leis provejam com humanidade para o caso daqueles que, por motivo de consciência, recusam combater, contanto que aceitem outra forma de servir à comunidade humana.

Na realidade, a guerra não foi eliminada do mundo dos homens. E enquanto existir o perigo de guerra e não houver uma autoridade internacional competente e provista dos convenientes meios, não se pode negar aos governos, depois de esgotados todos os recursos de negociações pacíficas, o direito de legítima defesa. Cabe assim aos governantes e aos demais que participam na responsabilidade dos negócios públicos, o dever de assegurar a defesa das populações que lhes estão confiadas, tratando com toda a seriedade um assunto tão sério. Mas uma coisa é utilizar a força militar para defender justamente as populações, outra o querer subjugar as outras nações. O poderio bélico não legitima qualquer uso militar ou político que dele se faça. Nem, finalmente, uma vez começada lamentavelmente a guerra, já tudo se torna lícito entre as partes beligerantes.

Aqueles que se dedicam ao serviço da pátria no exército, considerem-se servidores da segurança e da liberdade das populações; na medida em que se desempenham como convém desta tarefa, contribuem verdadeiramente para o estabelecimento da paz.

80. Com o incremento das armas científicas, tem aumentado desmesuradamente o horror e maldade da guerra. Pois, com o emprego de tais armas, as ações bélicas podem causar enormes e indiscriminadas destruições, que desse modo já vão muito além dos limites da legítima defesa. Mais ainda: se se empregasse integralmente o material existente nos arsenais das grandes potências, resultaria daí o quase total e recíproco extermínio de ambos os adversários, sem falar nas inúras devastações, provocadas no mundo e os funestos efeitos que do uso de tais armas se seguiriam.

Tudo isto nos força a considerar a guerra com um espírito inteiramente novo.[1] Saibam os homens de hoje que darão grave conta das suas atividades bélicas. Pois das suas decisões atuais dependerá em grande parte o curso dos tempos futuros.

Tendo em atenção todas estas coisas, o sagrado Concílio, fazendo suas as condenações da guerra total já anteriormente pronunciadas pelos Sumos Pontífices,[2] declara:

Toda a ação de guerra que tende indiscriminàdamente à destruição de cidades inteiras ou vastas regiões e seus habitantes é um crime contra Deus e o próprio homem, que se deve condenar com firmèza e sem hesitação.

O perigo peculiar da guerra hodierna está em que ela fornece, por assim dizer, a oportunidade de cometer tais crimes àqueles que estão de posse das modernas armas científicas; e, por uma conseqüência quase fatal, pode impelir as vontades dos homens às mais atrozes decisões. Para que tal nunca venha a suceder, os Bispos de todo o mundo, reunidos, imploram a todos, sobretudo aos governantes e chefes militares, que ponderem sem cessar a sua tão grande responsabilidade perante Deus e a humanidade.

---

[1] Cf. João XXIII, Enc. *Pacem in terris,* 11 abril, 1963: AAS 55 (1963), p. 291: "Por isso, nesta nossa idade que se gloria da força atômica, é fora de razão pensar que a guerra é um meio apto para ressarcir os direitos violados".

[2] Cf. Pio XII, *Alocução,* 30 setembro, 1954: AAS 46 (1954), p. 589; *Radiomensagem,* 24 dezembro, 1954 · AAS 47 (1955), p. 15 s.; João XXIII, Enc. *Pacem in terris:* AAS 55 (1963), p. 286-291; Paulo VI, *Alocução na Assembléia das Nações Unidas,* 4 outubro, 1965.

81. É verdade que não se acumulam as armas científicas só com o fim de serem empregadas na guerra. Com efeito, dado que se pensa que a solidez defensiva de cada parte depende da sua capacidade de resposta fulminante, esta acumulação de armas, que aumenta de ano para ano, serve paradoxalmente, para dissuadir possíveis inimigos. Muitos pensam que este é hoje o meio mais eficaz para assegurar uma certa paz entre as nações.

Seja o que for deste meio de dissuação, convençam-se os homens de que a corrida aos armamentos, a que se entregam muitas nações, não é caminho seguro para uma firme manutenção da paz; e de que o pretenso equilíbrio daí resultante não é uma paz segura nem verdadeira. Corre-se o perigo de que, com isso, em vez de se eliminarem as causas da guerra, antes se agravem progressivamente. E enquanto se dilapidam riquezas imensas no constante fabrico de novas armas torna-se impossível dar remédio suficiente a tantas misérias de que sofre o mundo atualmente. Mais do que sanar verdadeiramente e plenamente as discórdias entre as nações, o que se consegue é contagiar com elas outras partes do mundo. É preciso escolher outros caminhos, partindo da reforma das mentalidades, para eliminar este escândalo e poder-se restituir ao mundo, liberto da angústia que o oprime, uma paz verdadeira.

Por tal razão, de novo se deve declarar que a corrida aos armamentos é um terrível flagelo para a humanidade e prejudica os pobres dum modo intolerável. E é muito de temer, se ela continuar, que um dia provoque as exterminadoras calamidades de que já presentemente prepara os meios.

Advertidos pelas calamidades que o gênero humano tornou possíveis, aproveitemos o tempo de que ainda dispomos para, tornados mais conscientes da própria responsabilidade, encontrarmos os caminhos que tornem possível resolver os nossos conflitos dum modo mais digno de homens. A providência divina instantemente requer de nós que nos libertemos da antiga servidão da guerra. Se nos recusarmos a fazer este esforço, não sabemos aonde nos levará o funesto caminho por onde enveredamos.

82. É, portanto, claro, que nos devemos esforçar por todos os meios por preparar os tempos em que, por comum acordo das nações, se possa interditar absolutamente qualquer espécie de guerra. Isto exige, certamente, a criação duma autoridade pública mundial, por todos reconhecida e com poder suficiente para que fiquem garantidos a todos a segurança, o cumprimento da justiça e o respeito dos direitos. Porém, antes que esta desejável autoridade possa ser instituída, é necessário que os supremos organismos internacionais se dediquem com toda a energia a buscar os meios mais aptos para conseguir a segurança comum. Já que a paz deve antes nascer da confiança mútua do que ser imposta pelo terror das armas, todos devem trabalhar para que se ponha finalmente um termo à corrida aos armamentos e para que se inicie progressivamente e com garantias reais e eficazes, a redução dos mesmos armamentos, não unilateral, evidentemente, mas simultânea e segundo o que for estatuído.[3]

Entretanto, não se devem substimar as tentativas já feitas ou ainda em curso para afastar o perigo da guerra. Procure-se antes ajudar a boa vontade de muitos que, carregados com as ingentes preocupações dos seus altos ofícios, mas movidos do seríssimo dever que os obriga, se esforçam por eliminar a guerra de que

---

[3] Cf. João XXIII, Enc. *Pacem in terris,* onde se fala da diminuição dos armamentos: AAS 55 (1963), p. 287.

têm horror, embora não possam prescindir da complexidade objetiva das situações. E dirijam-se a Deus instantes preces, para que lhes dê a força necessária para empreender com perseverança e levar a cabo com fortaleza esta obra de imenso amor dos homens, de construir virilmente a paz. Hoje em dia, isto exige certamente deles que alarguem o espírito mais além das fronteiras da própria nação, deponham o egoísmo nacional e a ambição de dominar sobre os outros países, fomentam um grande respeito por toda a humanidade, que já avança tão laboriosamente para uma maior unidade.

As sondagens até agora diligentes e incansavelmente levadas a cabo acerca dos problemas da paz e desarmamento, e as reuniões internacionais que trataram deste assunto, devem ser consideradas como os primeiros passos para a solução de tão graves problemas e devem no futuro promover-se ainda com mais empenho, para obter resultados práticos. No entanto, evitem os homens entregar-se apenas aos esforços de alguns, sem se preocuparem com a própria mentalidade. Pois os governantes, responsáveis pelo bem comum da própria nação e ao mesmo tempo promotores do bem de todo o mundo, dependem muito das opiniões e sentimentos das populações. Nada aproveitarão com dedicar-se à edificação da paz, enquanto os sentimentos de hostilidade, desprezo e desconfiança, os ódios raciais e os preconceitos ideológicos dividirem os homens e os opuserem uns aos outros. Daqui a enorme necessidade duma renovação na educação das mentalidades e na orientação da opinião pública. Aqueles que se consagram à obra da educação, sobretudo da juventude, ou que formam a opinião pública, considerem como gravíssimo dever o procurar formar as mentalidades de todos para novos sentimentos pacíficos. Todos nós temos, com efeito, de reformar o nosso coração, com os olhos postos no mundo inteiro e naquelas tarefas que podemos realizar juntos para o progresso da nossa família humana.

Não nos engane uma falsa esperança. A não ser que, pondo de parte inimizades e ódios, se celebrem no futuro pactos sólidos e honestos acerca da paz universal, a humanidade, que já agora corre grave risco, chegará talvez desgraçadamente, apesar da sua admirável ciência, àquela hora em que não conhecerá outra paz além da horrível tranquilidade da morte. Mas, ao mesmo tempo que isto afirma, a Igreja de Cristo, no meio das angústias do tempo atual, não deixa de esperar firmemente. À nossa época quer ela propor, uma e outra vez, oportuna e inoportunamente, a mensagem do Apóstolo: "Eis agora o tempo favorável" para a conversão dos corações, "eis agora os dias da salvação".[4]

Secção 2: Construção da comunidade internacional

83. Para edificar a paz, é preciso, antes de mais, eliminar as causas das discórdias entre os homens, que são as que alimentam as guerras, sobretudo as injustiças. Muitas delas provêm das excessivas desigualdades econômicas e do atraso em lhes dar os remédios necessários. Outras, porém, nascem do espírito de dominação e do desprezo das pessoas; e, buscamos causas mais profundas, da inveja, desconfiança e soberba humanas, bem como de outras paixões egoístas. Como o homem não pode suportar tantas desordens, delas provêm que, mesmo sem haver guerra, o mundo está continuamente envenenado com as contendas e violências entre os homens. E como se verificam os mesmos males nas relações entre as nações, é absolutamente necessário, para

---

[4] Cf. 2Cor 2,6.

os vencer ou prevenir, e para reprimir as violências desenfreadas, que os organismos internacionais cooperem e se coordenem melhor e que se fomentem incansavelmente as organizações que promovem a paz.

84. Para que o bem comum universal se procure convenientemente e se alcance com eficácia, torna-se já necessário, dado o aumento crescente de estreitos laços de mútua dependência entre todos os cidadãos e entre todos os povos do mundo, que a comunidade dos povos se dê a si mesma uma estrutura à altura das tarefas atuais, sobretudo relativamente àquelas numerosas regiões que ainda padecem intolerável indigência.

Para obter tais fins, as instituições da comunidade internacional devem prover, cada uma por sua parte, às diversas necessidades dos homens, no domínio da vida social — a que pertencem a alimentação, saúde, educação, trabalho — como em certas circunstâncias particulares, que podem surgir aqui ou ali, tais como a necessidade geral de favorecer o progresso das nações em via de desenvolvimento, de obviar às necessidades dos refugiados dispersos por todo o mundo, ou ainda de ajudar os emigrantes e suas famílias.

As instituições internacionais, mundiais ou regionais, já existentes, são beneméritas do gênero humano. Aparecem como as primeiras tentativas para lançar os fundamentos internacionais da inteira comunidade humana, a fim de se resolverem os gravíssimos problemas dos nossos tempos, se promover o progresso em todo o mundo e se prevenir a guerra sob qualquer forma. A Igreja alegra-se com o espírito de verdadeira fraternidade que em todos estes campos floresce entre cristãos e não-cristãos e tende a intensificar os esforços por remediar tão grande miséria.

85. A unificação atual do gênero humano requer também uma cooperação internacional mais ampla no campo econômico. Com efeito, embora quase todos os povos se tenham tornado independentes, estão ainda longe de se encontrarem livres de excessivas desigualdades ou de qualquer forma de dependência indevida, ou ao abrigo de graves dificuldades internas.

O crescimento dum país depende dos recursos humanos e financeiros. Em cada nação, os cidadãos devem ser preparados pela educação e formação profissional, para desempenharem as diversas funções da' vida econômica e social. Para tal, requer-se a ajuda de peritos estrangeiros; estes, ao darem tal ajuda, não procedam como dominadores, mas como auxiliares e cooperadores. Não será possível prestar o auxílio material às nações em desenvolvimento, se não se mudarem profundamente no mundo os costumes do comércio atual. Os países desenvolvidos prestar-lhes-ão ainda ajuda sob outras formas, tais como dons, empréstimos ou investimentos financeiros; os quais se devem prestar generosamente e sem cobiça, por uma das partes, e receber com inteira honestidade, pela outra.

Para se estabelecer uma autêntica ordem econômica internacional, é preciso abolir o apetite de lucros excessivos, as ambições nacionais, o desejo de domínio político, os cálculos de ordem bem como as manobras para propagar e impor ideologias. Apresentam-se muitos sistemas econômicos e sociais; é de desejar que os especialistas encontrem neles as bases comuns de um são comércio mundial; o que mais facilmente se conseguirá, se cada um renunciar aos próprios preconceitos e se mostrar disposto a um diálogo sincero.

86. Para tal cooperação, parecem oportunas as seguintes normas:

a) As nações em desenvolvimento ponham todo o empenho em procurar firmemente que a finalidade expressa do seu progresso seja a plena perfeição humana dos cidadãos. Lembrem-se que o progresso se origina e cresce, antes de mais, com o trabalho e engenho das populações, pois deve apoiar-se não apenas nos auxílios estrangeiros mas sobretudo no desenvolvimento dos próprios recursos e no cultivo das qualidades e tradições próprias. Neste ponto, devem sobressair aqueles que têm maior influência nos outros.

b) É dever muito grave dos povos desenvolvidos ajudar os que estão em via de desenvolvimento a realizar as tarefas referidas. Levem, portanto, a cabo, em si mesmos, as adaptações de mentalidade e materiais que são necessárias para estabelecer esta cooperação internacional.

E assim, nas negociações com as nações mais fracas e pobres, atendam com muito cuidado ao bem das mesmas; pois elas necessitam, para seu sustento, dos lucros alcançados com a venda dos bens que produzem.

c) Cabe à comunidade internacional coordenar e estimular o desenvolvimento de modo a que os recursos para eles destinados sejam utilizados com o máximo de eficácia e total eqüidade. Também a ela pertence, sempre dentro do respeito pelo princípio de subsidiariedade, regular as relações econômicas no mundo inteiro de modo que se desenvolvam segundo a justiça.

Criem-se instituições aptas para promover e regular o comércio internacional, sobretudo com as nações menos desenvolvidas, e para compensar as deficiências que ainda perduram, nascidas da excessiva desigualdade de poder entre as nações. Esta ordenação, acompanhada de ajudas técnicas, culturais e financeiras, deve proporcionar às nações em via de desenvolvimento os meios necessários para poderem conseguir convenientemente o progresso da própria economia.

d) Em muitos casos, é urgente necessidade rever as estruturas econômicas e sociais. Mas evitem-se as soluções técnicas prematuramente propostas, sobretudo aquelas que, trazendo ao homem vantagens materiais, são opostas à sua natureza espiritual e ao seu progresso. Com efeito "o homem não vive só de pão, mas também de toda a palavra que sai da boca de Deus" (Mt 4,4). E qualquer parcela da família humana leva em si mesma e nas suas melhores tradições uma parte do tesouro espiritual confiado por Deus à humanidade, mesmo que muitos desconheçam a origem donde procede.

87. A cooperação internacional é especialmente necessária no caso, atualmente bastante freqüente, daqueles povos que, além de muitas outras dificuldades, sofrem especialmente da que deriva dum rápido aumento da população. É urgentemente necessário que, por meio duma plena e intensa cooperação de todos, e sobretudo das nações mais ricas, se investigue o modo de tornar possível preparar e fazer chegar a toda a humanidade o que é preciso para a subsistência e conveniente educação dos homens. Mas alguns povos poderiam melhorar muito as suas condições de vida se, devidamente instruídos, passassem dos métodos arcaicos de exploração agrícola para as técnicas modernas, aplicando-as com a devida prudência à própria situação, instaurando, além disso, uma melhor ordem social e procedendo a uma distribuição mais justa da propriedade das terras.

Com relação ao problema da população, na própria nação e dentro dos limites da própria competência, tem o governo direitos e deveres; assim, por exemplo, no que se refere à legislação social e familiar, ao êxodo das populações agrícolas para as cidades, a informação acerca da situação e necessidades nacionais. Dado que hoje este problema preocupa intensamente os espíritos, é também de desejar que especialistas católicos, sobretudo nas universidades, prossigam e ampliem diligentemente os estudos e iniciativas sobre, estas matérias.

Visto que muitos afirmam que o aumento da população do globo, ou ao menos de algumas nações, deve ser absoluta e radicalmente diminuído por todos os meios e por qualquer espécie de intervenção da autoridade pública, o Concílio exorta todos a que evitem as soluções, promovidas pública ou privadamente ou até por vezes impostas, que sejam contrárias à lei moral. Porque, segundo o inalienável direito ao casamento e procriação da prole, a decisão acerca do número de filhos depende do reto juízo dos pais e de modo algum se pode entregar ao da autoridade pública. Mas como o juízo dos pais pressupõe uma consciência bem formada, é de grande importância que todos tenham a possibilidade de cultivar uma responsabilidade reta e autenticamente humana, que tenha em conta a lei divina, consideradas as circunstâncias objetivas e epocais; isto exige, porém, que por toda a parte melhorem as condições pedagógicas e sociais e, antes de mais, que seja dada uma formação religiosa ou, pelo menos uma íntegra educação moral. Sejam também as populações judiciosamente informadas acerca dos progressos científicos alcançados na investigação de métodos que possam ajudar os esposos na determinação do número de filhos, e cuja segurança esteja bem comprovada e de que conste claramente a legitimidade moral.

88. Os Cristãos cooperem de bom grado e de todo o coração na construção da ordem internacional com verdadeiro respeito pelas liberdades legítimas e na amigável fraternidade de todos; e tanto mais quanto é verdade que a maior parte do mundo ainda sofre tanta necessidade, de maneira que, nos pobres, o próprio Cristo como que apela em alta voz para a caridade dos seus discípulos. Não se dê aos homens o escândalo de haver algumas nações geralmente de maioria cristã, na abundância, enquanto outras não têm sequer o necessário para viver e são atormentadas pela fome, pela doença e por toda a espécie de miséria. Pois o espírito de pobreza e de caridade são a glória e o testemunho da Igreja de Cristo.

São, por isso, de louvar e devem ser ajudados os cristãos, sobretudo jovens, que se oferecem espontaneamente para ir em ajuda dos outros homens e povos. Mais ainda: cabe a todo o povo de Deus, precedido pela palavra e exemplo dos bispos, aliviar quanto lhe for possível as misérias deste tempo; e isso, como era o antigo uso da Igreja, não somente com o supérfluo, mas também com o necessário.

Sem cair numa organização rígida e uniforme, deve, no entanto, o modo de recolher e distribuir estes socorros ser regulado com uma certa ordem, nas dioceses, nações e em todo o mundo; e onde parecer oportuno, conjugando a atividade dos católicos com a dos outros irmãos cristãos. Porque o espírito de caridade, longe de se opor a um exercício providente e ordenado da atividade social e caritativa, antes o exige. Pelo que é necessário que os que pretendem dedicar-se ao serviço das nações em via de desenvolvimento, recebam conveniente formação em instituições adequadas.

89. Quando a Igreja, em virtude da sua missão divina, prega a todos os homens o Evangelho e lhes

dispensa os tesouros da graça, contribui para a consolidação da paz em todo o mundo e para estabelecer um sólido fundamento para a fraterna comunidade dos homens e dos povos, a saber: o conhecimento da lei divina e natural. É, portanto, absolutamente necessário que a Igreja esteja presente na comunidade das nações, para fomentar e estimular a cooperação entre os homens; tanto por meio das suas instituições públicas como graças à inteira e sincera colaboração de todos os cristãos, inspirada apenas pelo desejo de servir a todos.

O que se alcançará mais eficazmente se os fiéis, conscientes da própria responsabilidade humana e cristã, procurarem já no seu meio de vida despertar a vontade de cooperar prontamente com a comunidade internacional. Dedique-se especial cuidado em formar neste ponto a juventude, tanto na educação religiosa como na cívica.

90. Uma das melhores formas de atuação internacional dos cristãos consiste certamente na cooperação que, isoladamente ou em grupo, prestam nas próprias instituições criadas ou a criar para o desenvolvimento da cooperação entre as nações. Também podem contribuir muito para a edificação, na paz e fraternidade, da comunidade dos povos, as várias associações católicas internacionais, as quais devem ser consolidadas, com o aumento de colaboradores bem formados, e dos meios de que necessitam e com uma conveniente coordenação de forças. Nos tempos atuais, com efeito, tanto a eficácia da ação como a necessidade do diálogo reclamam empreendimentos coletivos. Essas associações contribuem, além disso, não pouco também para desenvolver o sentido de universalidade, muito próprio dos católicos, e para formar a consciência da

solidariedade e responsabilidade verdadeiramente universais.

Finalmente, é de desejar que os católicos, para bem cumprirem a sua missão na comunidade internacional, procurem cooperar ativa e positivamente quer com os irmãos separados que como eles professam a caridade evangélica, quer com todos os homens que anelam verdadeiramente pela paz.

Perante as imensas desgraças que ainda hoje torturam a maior parte da humanidade, e para fomentar por toda a parte a justiça e ao mesmo tempo o amor de Cristo para com os pobres, o Concílio, por sua parte, julga muito oportuno a criação de algum organismo da Igreja universal, incumbido de estimular a comunidade católica na promoção do progresso das regiões necessitadas e da justiça social entre as nações.

CONCLUSÃO

91. Tudo o que, tirado dos tesouros da doutrina da Igreja, é proposto por este sagrado Concílio, pretende ajudar todos os homens do nosso tempo, quer acreditem em Deus, quer não o conheçam explicitamente, a que, conhecendo mais claramente a sua vocação integral, tornem o mundo mais conforme à sublime dignidade do homem, aspirem a uma fraternidade universal mais profundamente fundada e, impelidos pelo amor, correspondam com um esforço generoso e comum às urgentes exigências da nossa era.

Certamente, perante a imensa diversidade de situações e de formas de cultura existentes no mundo, esta proposição de doutrina reveste intencionalmente, em muitos pontos, apenas um caráter genérico; mais ainda: embora formule uma doutrina aceite na Igreja, todavia, como se trata freqüentemente de realidades sujeitas a constante transformação, deve ainda ser continuada e ampliada. Confiamos, porém, que muito do que enunciamos, apoiados na palavra de Deus e no espírito do Evangelho, poderá proporcionar a todos uma ajuda válida, sobretudo depois de os cristãos terem levado a cabo, sob a direção dos pastores, a adaptação a cada povo e mentalidade.

92. Em virtude da sua missão de iluminar o mundo inteiro com a mensagem de Cristo e de reunir em um só Espírito todos os homens, de qualquer nação, raça ou cultura, a Igreja constitui um sinal daquela fraternidade que torna possível e fortalece o diálogo sincero.

Isto exige, em primeiro lugar, que, reconhecendo toda a legítima diversidade, promovamos na própria Igreja a estima, respeito e concórdia mútuas, em ordem a estabelecer entre todos os que formam o povo de Deus, pastores ou fiéis, um diálogo cada vez mais fecundo. Porque o que une entre si os fiéis é bem mais forte do que o que divide: haja unidade no necessário, liberdade no que é duvidoso, e em tudo caridade.

Abraçamos também em espírito os irmãos que ainda não vivem em plena comunhão conosco, e suas comunidades, com os quais estamos unidos na confissão do Pai, Filho e Espírito Santo e pelo vínculo da caridade, lembrados de que a unidade dos cristãos é hoje esperada e desejada mesmo por muitos que não crêem em Cristo. Com efeito, quanto mais esta unidade progredir na verdade e na caridade, pela poderosa ação do Espírito Santo, tanto mais será para o mundo um presságio de unidade e de paz. Unamos, pois, as nossas forças e, cada dia mais fiéis ao Evangelho, procuremos, por modos cada vez mais eficazes para alcançar este fim tão alto, cooperar fraternalmente no serviço da família humana, chamada, em Cristo, a tornar-se a família dos filhos de Deus.

Voltamos também o nosso pensamento para todos os que reconhecem Deus e guardam nas suas tradições preciosos elementos religiosos e humanos, desejando que um diálogo franco nos leve a todos a receber com fidelidade os impulsos do Espírito e segui-los com ardor.

Por nossa parte, o desejo de um tal diálogo guiado apenas pelo amor, pela verdade e com a necessária prudência, não exclui ninguém; nem aqueles que cultivam os altos valores do espírito humano, sem ainda conhecerem o seu Autor; nem aqueles que se opõem à Igreja, e de várias maneiras a perseguem. Como Deus Pai é o princípio e o fim de todos eles, todos somos chamados a sermos irmãos. Por isso, chamados com esta mesma vocação humana e divina, podemos e devemos cooperar pacificamente, sem violência nem engano, na edificação do mundo.

93. Lembrados da palavra do Senhor "nisto reconhecerão todos que sois meus discípulos, se vos amardes uns aos outros" (Jo 13,35), os cristãos nada podem desejar mais ardentemente do que servir sempre com maior generosidade e eficácia os homens do mundo de hoje. E assim, fiéis ao Evangelho e graças à sua força, unidos a quantos amam e promovem a justiça, têm a realizar aqui na terra uma obra imensa, da qual prestarão contas Àquele que a todos julgará no último dia. Nem todos os que dizem "Senhor, Senhor" entrarão no reino dos céus, mas aqueles que cumprem a vontade do Pai e põem seriamente mãos à obra. Ora, a vontade do Pai é que reconheçamos e amemos efetivamente em todos os homens a Cristo, por palavras e obras, dando assim testemunho da Verdade e comunicando aos outros o mistério do amor do Pai celeste. Deste modo, em toda a terra, os homens serão estimulados à esperança viva, dom do Espírito Santo, para que finalmente sejam recebidos na paz e felicidade infinitas, na pátria que refulge com a glória do Senhor.

"Àquele que, em virtude do poder que atua em nós, é capaz de fazer que superabundemos para além do que pedimos ou pensamos, a ele seja dada a glória na Igreja e em Jesus Cristo, em todas as gerações e por todos os séculos" (Ef 3,20-21).

ÍNDICE

Proêmio

1. A união íntima da Igreja com todos os povos   6
2. Os destinatários desta Constituição Conciliar   6
3. O homem, fulcro de toda a doutrina da Constituição   7

Introdução

A CONDIÇÃO DO HOMEM NO MUNDO DE HOJE

4. A esperança e angústia do homem   9
5. As profundas evoluções dos acontecimentos   10
6. As mudanças na ordem social   11
7. As mudanças psicológicas, morais e religiosas   12
8. Os desequilíbrios no mundo contemporâneo   13
9. As aspirações mais universais da humanidade   14
10. As interrogações mais profundas da humanidade   15

PRIMEIRA PARTE

A IGREJA E A VOCAÇÃO DO HOMEM

11. A resposta aos impulsos do Espírito   17

Capítulo I

A DIGNIDADE DA PESSOA HUMANA

12. O homem à imagem de Deus   18
13. O pecado   19
14. A constituição do homem   20
15. A dignidade da inteligência, a verdade e a sabedoria   21
16. A dignidade da consciência moral   21
17. A nobreza da liberdade   22
18. O mistério da morte   23
19. As formas e raízes do ateísmo   24
20. O ateísmo sistemático   26
21. A atitude da Igreja para com o ateísmo   27
22. Cristo, homem novo   29

Capítulo II

A COMUNIDADE HUMANA

23.	Intento do Concílio	32
24.	A índole comunitária do homem no plano de Deus	33
25.	A interdependência do homem e da sociedade	33
26.	A promoção do bem comum	35
27.	O respeito devido ao homem	36
28.	O respeito e o amor aos adversários	37
29.	A igualdade entre os homens e a justiça social	38
30.	A superfície da ética individualística	39
31.	A responsabilidade e a participação	40
32.	O Verbo encarnado e a solidariedade humana	41

Capítulo III

A ATIVIDADE HUMANA NO MUNDO

33.	Posição do problema	43
34.	O valor da atividade humana	43
35.	A ordenação da atividade humana	45
36.	A justa autonomia das coisas terrenas	45
37.	A atividade humana corrompida pelo pecado	46
38.	A atividade humana aperfeiçoada no mistério pascal	48
39.	A nova terra e o novo céu	49

Capítulo IV

O PAPEL DA IGREJA NO MUNDO CONTEMPORÂNEO

40.	A relação entre a Igreja e o mundo	51
41.	O auxílio da Igreja a cada homem	53
42.	O auxílio da Igreja à sociedade	54
43.	O auxílio da Igreja à atividade humana	56
44.	O auxílio do mundo contemporâneo à Igreja	60
45.	Cristo, alfa e ômega	62

SEGUNDA PARTE

ALGUNS PROBLEMAS MAIS URGENTES

46. Proêmio   63

Capítulo I

A PROMOÇÃO DA DIGNIDADE DO MATRIMÔNIO
E DA FAMÍLIA

47. O matrimônio e a família no mundo contemporâneo 63
48. A santidade do matrimônio e da família   64
49. O amor conjugal   67
50. A fecundidade do matrimônio   69
51. O amor conjugal e o respeito pela vida humana   70
52. A promoção do matrimônio e da família   72

Capítulo II

A CONVENIENTE PROMOÇÃO
DO PROGRESSO CULTURAL

53. Introdução   75
54. As novas formas de viver   76
55. O homem autor da cultura   77
56. Dificuldades e deveres   77
57. A fé e a cultura   78
58. A mensagem de Cristo e a cultura humana   80
59. A harmonia das diversas razões nas formas da cultura 81
60. O direito aos benefícios da cultura   83
61. A educação em ordem à cultura integral do homem   84
62. A cultura humana e civil e a formação cristã   85

Capítulo III

A VIDA ECONÔMICO-SOCIAL

63. Alguns aspectos da vida econômica   88
64. O progresso econômico ao serviço do homem   90
65. O progresso econômico dirigido pelo homem   91

66. A renovação das grandes diferenças econômico-sociais 92
67. O trabalho e suas condições; o descanso 93
68. A participação nas empresas; os conflitos no trabalho 95
69. O destino dos bens terrestres para todos os homens 96
70. Os investimentos e a política monetária 99
71. A propriedade particular, os latifúndios 99
72. A atividade econômico-social e o reino de Cristo 101

Capítulo IV

A VIDA DA COMUNIDADE POLÍTICA

73. A vida pública contemporânea 102
74. A natureza e o fim da comunidade política 103
75. A cooperação de todos na vida pública 105
76. A comunidade política e a Igreja 108

Capítulo V

PROMOÇÃO DA PAZ
E DA COMUNIDADE INTERNACIONAL

77. Introdução 110
78. A natureza da paz 111
79. A eliminação da crueldade da guerra 112
80. A guerra total 114
81. A corrida às armas 116
82. A supressão da guerra 117
83. As causas das discórdias e os seus remédios 119
84. A família humana e as instituições internacionais 120
85. A cooperação internacional no campo econômico 121
86. Algumas normas oportunas 122
87. O problema do aumento da população 123
88. O papel dos cristãos na prestação de subsídios 125
89. A presença da Igreja na comunidade internacional 125
90. O lugar dos cristãos nas instituições internacionais 126

CONCLUSÃO

91. O papel de cada fiel e das Igrejas particulares 129
92. O diálogo entre todos os homens 129
93. A constituição e o acabamento do mundo 131

Rua Dona Inácia Uchoa, 62
04110-020 – São Paulo – SP (Brasil)
Tel.: (11) 2125-3500
http://www.paulinas.com.br – editora@paulinas.com.br
Telemarketing e SAC: 0800-7010081